NEMUS

Ramon Pascual

PRIMERA GUÍA DEL buscador de setas

Con 15 recetas de cocina de setas
por Núria Duran

Primera edición: septiembre del 2014

9 Grupo Editorial
Lectio Ediciones
C/ Muntaner, 200, ático 8a – 08036 Barcelona
Tel. 977 60 25 91 – 93 363 08 23
lectio@lectio.es
www.lectio.es

Diseño y composición: Barreras & Creixell, scp

Dibujos: Mònica Pascual
Fotografías: Ramon Pascual, excepto: pág. 43, N. Creixell

Fotografía de la cubierta: N. Creixell

Impresión: Cachimán Gráfic
ISBN: 978-84-16012-25-1
DL T 1004-2014

Sumario

La guía

Prólogo

No hace tantos años que íbamos a buscar setas guiados únicamente por la cultura popular propia del lugar donde vivimos que nos enseñaba cuáles eran las setas buenas y cuáles las peligrosas.

Como pasa con muchas personas, mi afición por las setas viene de mi padre, incansable buscador. Recuerdo perfectamente que al amanecer salíamos de nuestra casa situada en el barrio del Fondo de Santa Coloma y nos dirigíamos hacia la sierra de Mates por Sant Jeroni de la Murtra, subiendo hasta la ermita de Sant Onofre entre bosques hoy en día inexistentes, buscando apasionadamente las apreciadas setas. Durante un par de meses en otoño aparecían otras muchas setas además de los níscalos, nuestro objetivo primordial. ¡Cuántas negrillas, rebozuelos, rúsulas y boletos dejamos en el bosque!

Con el tiempo fui explorando otras zona más alejadas y ampliando mis conocimientos, pero fue a partir de mi entrada en la Societat Catalana de Micologia que descubrí nuevos horizontes que nunca había llegado a imaginar y nuevas y agradables sorpresas a cada paso.

Además de profundizar en el mundo de la micología mi mejor experiencia ha sido tener la oportunidad de conocer a las personas con quien compartirlos. Como es el caso de Ramon Pascual y de su esposa Núria, que son una fuente de conocimientos y de grato magisterio. Ramon no tan solo ha publicado numerosos libros sobre el tema, agradables, bien ilustrados y de fácil lectura sino que es un privilegio oír sus charlas sobre temas de la Naturaleza en general y de las setas en particular. Su fácil forma de expresarse garantiza que al finalizar una conferencia los asistentes salgan con una cara de satisfacción diciendo que aunque el tema era difícil lo habían entendido todo.

Esto se traduce en las virtudes de este libro que facilita mucha información tan necesaria para todos aquellos que todavía tenemos muchas dudas o que sabemos menos de lo que nos imaginábamos. Como en todas las publicaciones de Ramon se hallan las respuestas que a menudo nos hacemos cuando con la complicidad de las setas disfrutamos de un buen paseo por el bosque, conocemos nuevos parajes, podemos observar la naturaleza de cerca y conociéndola mejor la amamos más intensamente.

Y cuando al legar a casa con un cesto repleto de una variada recolección entramos en la cocina, podremos cocinar cada seta según sus características aprovechando las recetas que Núria ha seleccionado, acabando la fiesta con una buena cena.

Gracias a las publicaciones de Ramon, sin duda haremos mejores cosechas y más variadas, sin correr riesgos innecesarios y disfrutaremos cada vez más de esta magnífica afición que nos une a todos.

JOSEP CARRERAS Y LÒPEZ

Dedicatoria

Quiero dedicar este libro a aquellas personas que empezáis a salir a buscar setas y queréis hacerlo bien. En primer lugar a aquellos chicos y chicas que vais por doquier con los ojos abiertos y el afán de descubrir, que todo os interesa y que queréis conocerlo todo. No perdáis jamás esta capacidad de sorprenderse.

Después a todos aquellos a los que los amigos y la familia os han contagiado esta afición y os han abierto una puerta al fascinante mundo de las setas. La mayoría sois prudentes y buscáis a alguien que os inicie. No queréis correr riesgos innecesarios y sois receptivos a la información que os interesa.

Finalmente a aquellos que habéis descubierto la magia de las setas, ya mayores, quizás jubilados y disponéis de tiempo para leer y para caminar. ¡Me he dado cuenta de que sois muchos! Estas horas de ocio que tenéis tan bien ganadas, las podéis llenar de ilusiones rejuvenecedoras.

A cualquier edad puede ser un buen buscador de setas...

Se define la seta: ¿qué, cómo, cuándo y dónde?

¿Qué es una seta?

En tu primer contacto con la setas, tu "primera vez", quizá lo que te llamó más la atención fue la **gran diversidad de formas y colores** que presentan.

Esta sorpresa es un buen punto de partida para definir qué es una seta y para saber darse cuenta de la relación entre estas **formas**, aparentemente caprichosas, de paraguas, de porra, de costra, de coral, de embudo, de falo, de concha o de cazuela y la **función** que llevan a cabo.

Lo primero que conviene conocer es qué son las **esporas**. Las esporas son elementos que participan en la reproducción de las setas. Son microscópicas, es decir, por su pequeñez solo puedes verlas con la ayuda de un microscopio. Las esporas maduran en las setas y la primera y principal misión de una seta es producir esporas. La segunda es contribuir a su dispersión, casi siempre lanzándolas al aire para que el viento se las lleve. Sus variadas formas están en consonancia con la eficacia que permite que las esporas desprendidas de las láminas de un níscalo o de los tubos de un boleto pasen al aire.

Una sola seta de tamaño mediano puede llegar a producir 8 o 10 millones de esporas que una vez en el aire persisten durante un cierto tiempo. El aire de la habitación donde estás leyendo este libro está lleno de esporas distintas. Y el de la cocina y del ascensor, el de la calle, el del interior del autobús y el del bosque.

Puedes comprobar lo que te estoy diciendo mediante una experiencia muy sencilla. Toma una rebanada de pan y ponla sobre la mesa de la cocina durante unos minutos. Mejor que sea de pan integral o de horno ya que el pan industrial suele llevar aditivos que dificultan la proliferación del moho.

chorrito de agua bien distribuido sin que llegue a quedar empapada. Ponla dentro de una bolsa de plástico, ciérrala y déjala en un lugar templado durante unos 8 días. Al abrirla, verás que se ha desarrollado un moho. Un moho es un hongo que como todos produce esporas, pero no setas.

Moho sobre una rebanada de pan obtenido tal como se indica en el texto.

Las esporas presentes en el aire de tu cocina que cayeron sobre el pan han germinado y han dado lugar al moho que crece a expensas del alimento contenido en el pan.

También te invito a hacer otra experiencia que consiste en recoger la esporada de una seta, es decir el conjunto de esporas maduras que se liberan de las láminas de una seta madura dejada en reposo. Toma una seta madura, por ejemplo un champiñón comprado en el mercado cuando las láminas empiecen a tomar un color marrón. Corta el pie dejando unos 2 o 3 centímetros y ponlo cabeza abajo apoyado sobre el trozo de pie, encima de una cartulina. Tápalo con un recipiente invertido para que las esporas que se desprendan de las láminas no sean llevadas por una corriente de aire. Deja pasar un día entero y mira qué ha pasado. Las espora, a millares, desprendidas de las láminas han ido dibujando unas líneas radiales tal como están dispuestas las láminas en el sobrero. Utilizar un champiñón da buenos resultados porque las esporas son de color chocolate y destacan bien encima de una cartulina blanca. Si lo haces con otra seta, una amanita por ejemplo, que tiene una esporada blanca, deberás utilizar una cartulina de color.

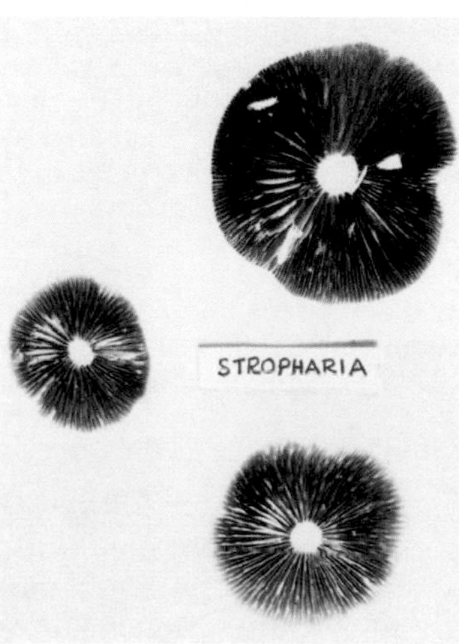

Esporadas de tres setas de la estrofaria verde, de color marrón violáceo.

Fíjate en estos filamentos finos y ramificados. Son las hifas. El conjunto forma el micelio.

Cuando una espora caída germina emite un tubito finísimo, como un cabello, llamado **hifa**. Las hifas crecen y se ramifican y forman una especie de telaraña llamada **micelio**.

Para que las hifas crezcan necesitan alimento que absorben del espacio que ocupan, ya sea la tierra del bosque o el interior de una rama caída medio podrida o bien sobre el estiércol presente en un prado. En un puñado de tierra de bosque puede haber kilómetros de hifas.

Cuando las condiciones ambientales son favorables algunas hifas se juntan, se compactan y dan lugar a una seta que crece hacia el exterior. Para que lo entiendas: el micelio, que es un conjunto de hifas, es comparable a una madeja de lana abierta y esparcida por toda una habitación. Si tomas un cabo y empiezas a ovillar llegarás a formar el ovillo, una especie de pelota dura, comparable a una seta.

¡Cómo es una seta?

La seta típica más habitual es aquella que tiene forma de paraguas, constituida por un sombrero sostenido por un pie. En la parte inferior del sombrero se encuentran diversas estructuras, como por ejemplo, láminas (níscalos), pliegues (rebozuelos), poros (pipa y hongos yesqueros) o agujitas (lengua de vaca). La superficie de estas estructuras es la parte fértil de la seta, es decir, donde se forman y maduran las esporas. El pie sirve para alejar estas estructuras del suelo y permitir que las esporas desprendidas sean llevadas por el viento.

1
2
3
4
5
6

Pero existen otras muchas setas distintas de esta forma típica aunque siempre con la misma finalidad: producir millones de esporas y dispersarlas eficazmente.

El sombrero suele ser hemisférico cuando la seta inicia su salida del suelo, más o menos cerrado sobre el pie. A medida que la seta crece, el sombrero se abre y se aplana y a veces se deprime y adquiere forma de embudo. Su superficie puede ser seca o pegajosa, lisa u ornamentada y de los colores más diversos.

El pie suele ser cilíndrico, a veces se adelgaza en la parte superior o bien aguzado en la parte inferior. Es frecuente que la base se engrose y forme un bulbo. Las amanitas y alguna otras setas tienen la base del pie protegida o por una especie de funda envolvente, llamada volva, que corresponde a la mitad inferior del velo que cubría la seta joven en forma de huevo cerrado. Puede llevar un anillo más o menos membranoso o rígido, péndulo.

La carne puede ser más o menos firme, consistente, blanda o dura. Es muy importante su olor, que ayuda a la identificación de la seta. Los olores más comunes de la carne de las setas son de fruta, de harina o de rábano, pero algunos huelen a anís, patata cruda, coco, cangrejos, chocolate y otros sorprendentes olores. A veces huelen de forma desagradable. En crudo se pueden distinguir distintos sabores. La carne puede ser dulce, amarga, picante, con gusto de avellana, de frutas, de almendras amargas, o puede ser insípida.

1 *Matamoscas, en forma de paraguas.*
2 *Mano de mortero, en forma de porra.*
3 *Clavaria elegante, en forma de coral.*
4 *Pleuroto en forma de concha.*
5 *Peziza escarlata, en forma de copa.*
6 *Falo perruno, de forma fálica.*

Las partes de las setas más corrientes

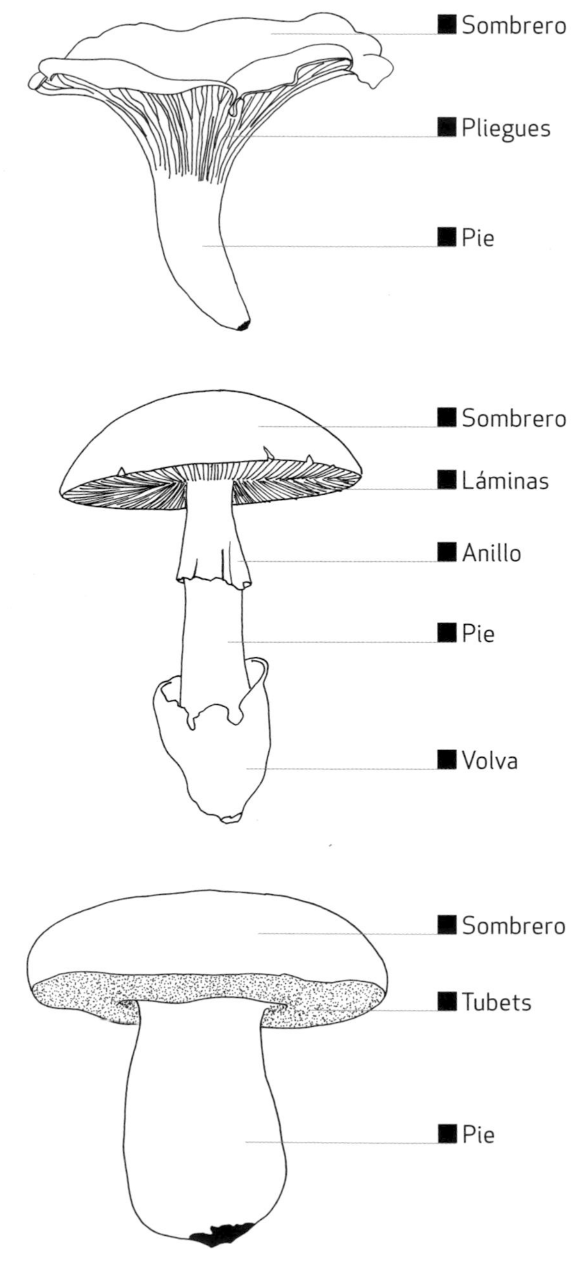

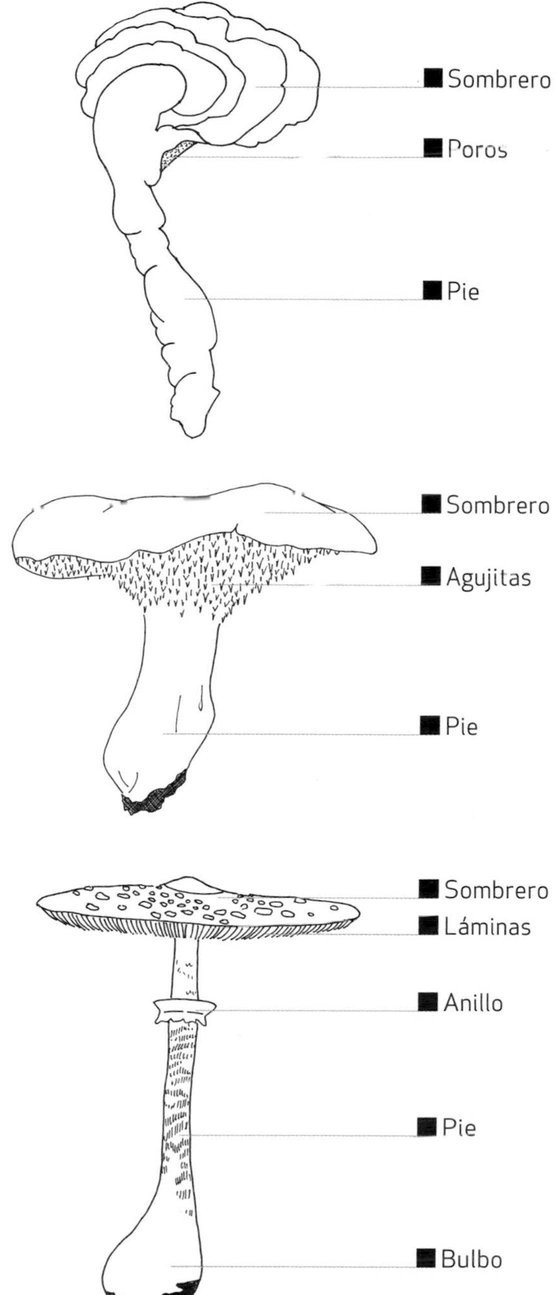
Sombrero
Poros
Pie
Sombrero
Agujitas
Pie
Sombrero
Láminas
Anillo
Pie
Bulbo

La seta sale al exterior cuando el primordio enterrado se expansiona. Para que esto ocurra debe haber suficiente humedad en el terreno. Se precisan buenas lluvias.

¿Cuándo salen las setas?

Las setas crecen a partir de los micelios. Los micelios cuando están activos no dejan de crecer y ramificarse en busca de alimentos presentes en el medio donde viven. Para que un micelio sea activo se precisa que en el lugar donde crece haya agua. El agua disuelve los nutrientes y llena las hifas del micelio.

Cuando se dan unas condiciones ambientales determinadas, el micelio detiene su crecimiento y reúne algunas hifas que se compactan y forman un primordio donde se acumula la materia suficiente para desarrollar una seta.

Llegado a un cierto punto de humedad ambiental y de temperatura adecuada, a partir del primordio se desarrolla la seta, que se abre camino hacia el exterior.

Cada seta tiene sus preferencias pero, si hay el agua adecuada en el terreno, en nuestro país aparecen cuando la temperatura oscila entre los 12 °C y los 18 °C. Fíjate que estas condiciones se dan en otoño, que es cuando aparecen la mayoría de las setas.

Hay ciertas setas que prefieren temperaturas más bajas, como las negrillas, y otras son más amantes del calor, como las oronjas. Por este motivo, las setas aparecen en un cierto orden y cuando unas inician su desarrollo otras ya han desaparecido.

Las lluvias otoñales tanto si son generalizadas como si son locales marcan el ritmo de la temporada. La aparición de las setas va en consonancia con este ritmo y la mayoría salen unos 21 días después de las lluvias.

¿Dónde salen las setas?

Las setas y los hongos en general no son plantas y carecen de la capacidad de acumular materia y obtener energía a partir de la luz del Sol.

Las setas se comportan como los animales que utilizan la materia y la energía contenida en los alimentos fabricados por las plantas o acumulados en animales que previamente se han alimentado de las plantas. En el comienzo de este proceso siempre hay una planta verde (o un alga verde).

Las setas obtienen su alimento a partir de materia orgánica que pueden obtener de tres formas distintas.

La **primera**, aprovechando la que está presente en el medio donde viven. Se trata de materia orgánica muerta como la que está presente en la madera de una rama caída, de una piña o del estiércol de los animales del bosque. Es una forma de vida saprófita.

Madera cortada invadida por un hongo saprófito que produce una gran cantidad de pequeñas setas.

Políporo escuamoso creciendo sobre un chopo vivo. Absorbe el alimento del árbol y pone en peligro su existencia.

La **segunda** consiste en crecer sobre el cuerpo de otro ser vivo, como un árbol o un animal, a los cuales perjudica. Es una forma de vida parásita.

La **tercera** consiste en establecer una relación con otro ser vivo en la que los dos salgan beneficiados. Esta es la forma más corriente entre las setas que aparecen en el bosque cuyas hifas envuelven las raíces de ciertos árboles y otras plantas de donde obtienen el alimento que precisan. En justa compensación el árbol sale beneficiado de esta unión al ver aumentada la eficacia de sus raíces con las hifas de las setas que le acercan agua y nutrientes del terreno. Es tan importante esta simbiosis que muchos árboles no se desarrollan si no tienen la seta que los ayuda.

Las setas tienen sus preferencias y escogen los árboles con los que quieren relacionarse. Los níscalos, por ejemplo, se relacionan con los pinos. ¿Dónde habrás de ir a buscar níscalos? Pues a los pinares.

Observa cómo las hifas del micelio de una seta se enroscan en las ramificaciones de la raíz de un árbol estableciendo la micorriza.

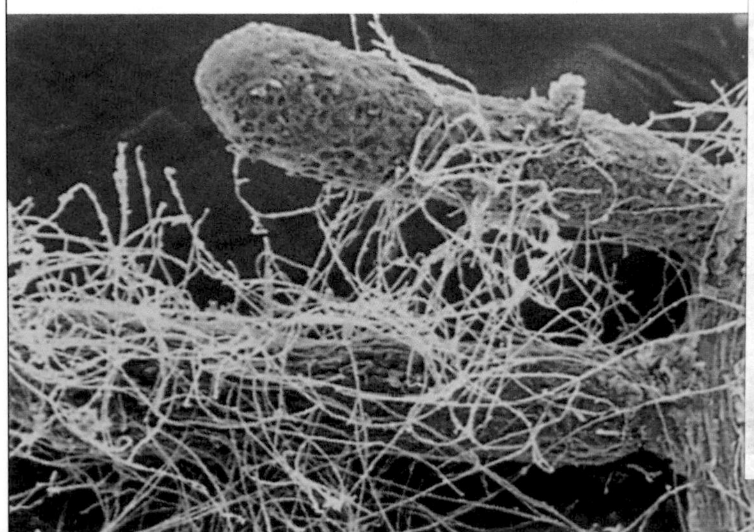

Se define el buen buscador de setas: ¿qué, cómo, cuándo y dónde?

¿Qué se ha de recoger?

Un buen buscador de setas es aquel que solamente recoge aquello que le interesa y respeta el resto de setas que no conoce o que carecen de su interés. Motiva su deseo de recogerlas el poder estudiarlas detenidamente en casa, el poder enseñarlas a un experto para su identificación o sencillamente para aprovecharlas en la cocina.

Un cesto óptimo: no está demasiado lleno y se distingue por una cosecha variada y por la delicada forma en que están depositadas las setas.

Es evidente que las setas no crecen en el bosque para que tú vayas a buscarlas para echarlas en una sartén. Las seta desempeñan **tres misiones** muy importantes.

La **primera**, cuando aprovechan la materia orgánica que encuentran a su alcance como madera muerta, hojas secas, frutos y piñas. De hecho, la digieren, es decir, la destruyen y todo este material se pudre y va desapare-

Este tronco de un árbol muerto se está pudriendo por la acción de hongos microscópicos, de diversas setas y de las bacterias. Pronto desaparecerá.

ciendo. En este sentido, las setas actúan como los basureros del bosque.

La **segunda** cuando, además de eliminar el material sobrante, al pudrir este material la materia inorgánica presente, como las sales minerales que las plantas habían absorbido del suelo, vuelven a parara a él, donde serán aprovechadas por nuevas plantas. En este sentido las setas son verdaderos **recicladores** de la materia mineral.

La **tercera** cuando las setas que establecen microrrizas con las raíces de los arboles (pág. 20) les ayudan a crecer más y mejor. En este sentido las setas son necesarias y a veces imprescindibles y actúan como **colaboradores** de la buena salud del bosque.

Pon atención en que estas tres misiones justifican sobradamente que seas respetuoso y no eches a perder las setas que no te interesan. Es desesperante encontrar en el bosque muchísimas setas vueltas al revés, arrancadas o pisoteadas en vano.

Aquello que define un buen buscador de setas es que su paso por el bosque no se note.

¿Cómo se ha de recoger?

Hasta hace poco tiempo se aconsejaba que la mejor manera de recoger una seta era cortándola con un cuchillo a ras de suelo. Ahora se aconseja otra cosa.

Cuando recojas la próxima seta fíjate que a menudo la parte baja del pie lleva adheridos unos filamentos, a veces

Para arrancar una seta sin dañarla necesitas un cuchillo para ayudar a levantarla, pero nunca para cortarla. La seta se ha de recoger entera.

Si esta cicuta verde se hubiera recogido cortándola con un cuchillo se habría perdido la volva de la parte inferior que ayuda a identificarla.

muchos, que recuerdan el algodón del botiquín. Son restos del micelio que ha dado lugar a la seta. Si cortas la seta con un cuchillo evitas que estas hifas se dañen pero en realidad son muy pocas. En cambio, el resto de la base de la seta cortada se pudre y destruye el micelio circundante produciendo más daño que las pocas hifas arrancadas.

Una seta se ha de recoger cogiéndola por el sombrero y con cuidado hacerla girar como si quisieras desenroscarla al mismo tiempo que la estiras hacia arriba. Si se resiste, has de ayudarte de un cuchillo que clavarás verticalmente en el suelo junto al pie de la seta y hasta su base, haciendo palanca para hacer subir la seta entera.

Si quieres identificar la seta con toda certeza necesitas la información que puede darte la parte basal enterrada, donde puede haber un engrosamiento, un bulbo, un cambio de color o la volva de una amanita.

Una vez recogida la seta se ha de limpiar de tierra y restos vegetales y se ha de poner en un cesto de mimbre acompañada de un poco de musgo o de unas hojitas para que no se amontone con otras setas. Nunca se han de poner en recipientes cerrados o bolsas de plástico.

¿Cuándo se ha de recoger?

Esto depende de cada tipo de seta y has de conocer sus preferencias ambientales para que salgan las que quieras recoger. Hay setas de aparición primaveral pero la mayoría salen en otoño. Has de saber, por ejemplo, que la seta de San Jorge sale por San Jorge, a principios de primavera, que las oronjas amantes del calor se han de recolectar

El moixernó o bolet de Sant Jordi és d'aparició primaveral. Surt als prats prepirinencs y pren el nom de l'època en què surt.

a finales de verano y las negrillas que soportan bien el frío las puedes recoger durante las fiestas navideñas.

También tendrás presente el régimen de lluvias y recuerda que podrás coger el cesto pasados 21 días después de lluvias intensas y frecuentes.

¿Dónde se ha de recoger?

Cada seta tiene la capacidad de desarrollarse en un lugar determinado. Las hay que son más exigentes y otras no tanto que salen por todas partes. El micelio que crece en el tronco de un chopo no es capaz de aprovechar la materia orgánica presente en el estiércol y las setas que crecen en un prado no pueden hacerlo sobre una rama de pino caída.

Cada seta se ha de recolectar en su sitio. La información previa la puedes obtener de una guía como esta o más adelante de otras más completas. En todas ellas siempre se indica el lugar donde salen.

Las setas más fieles son aquellas que viven asociadas a ciertos arboles. Eso ya es una buena pista. Dado que en el país abundan los bosques mixtos formados por arboles distintos, en ellos se pueden encontrar níscalos porque hay pinos y ejemplares de higróforo escarlata porque abundan los robles. Ahora bien, cada seta junto a su árbol amigo.

CONSEJOS A SEGUIR PARA SER UN BUEN BUSCADOR DE SETAS

✓ Mi primer consejo es que nunca te atrevas a ir a buscar setas sin **unos conocimientos previos**, que puedes adquirir consultando libros como este o haciéndote acompañar por personas experimentadas. Nadie nace enseñado. Para acceder a un lugar de trabajo te hacen un examen para valorar tu nivel de conocimientos. Para conducir un coche te exigen obtener el permiso. ¡Quizás sería una buena idea examinar a los buscadores de setas antes de permitir su entrada en el bosque!

✓ Cuando entres en el bosque recuerda que centenares de seres vivos pueden sentirse perjudicados por tu presencia. Se ha de **ser muy respetuoso** y mirar dónde pones los pies, no cortar o romper ramas, ni arrancar plantas ni recoger flores. Procura no hacer ruido, ni dar gritos, ni poner la radio.

✓ No abandones en el bosque **ni restos ni envases**. No se trata tan solo de un problema estético sino que propician pequeños desequilibrios en la dinámica del bosque y pueden ser la causa del inicio de un incendio.

✓ Para recoger setas hay que **prescindir de cualquier tipo de herramienta**, solamente usar un buen cuchillo. No escarbes la superficie del terreno ni lo remuevas, no levantes el musgo ni la hojarasca. Todos estos desmanes pueden dañar los micelios que crecen con mucha fuerza pero que son muy frágiles y vulnerables. Así, además de perjudicar el bosque pones en peligro las próximas cosechas de setas.

✓ **No recojas las setas menudas**, es mejor dejarlas crecer, **ni las más viejas**, a menudo reblandecidas y estropeadas. Las setas que van a parar al cesto han de ser jóvenes, sanas, consistentes y no estar invadidas de larvas.

✓ Si recoges alguna seta que no conoces no debes consumirla sin antes **consultar con un experto** y si no es posible, recházala. Como suele decirse: "Todas las setas son comestibles, pero algunas una sola vez."

✓ **La única forma segura de no intoxicarse nunca comiendo setas es conocerlas**. No hay ninguna regla general fiable y debes rechazar las creencias populares que no son ciertas.

✓ Así, hay quien cree que las setas que aparecen entre los desechos y la suciedad son venenosas. No es verdad ya que el medio donde viven no es la causa de la presencia de sustancias tóxicas en una seta.

✓ No te fíes de quien dice que si encuentras setas comidas por animales seguro que se pueden comer. En primer lugar vete a saber qué le ha pasado al animal glotón y en segundo lugar hay animales como las babosas que son invulnerables a ciertos venenos.

✓ También se creía que la presencia de setas tóxicas en un guiso ennegrecía los ajos. Hay quien aconseja poner una cucharita de plata dentro del guiso y da por cierto que se oscurece si hay alguna seta venenosa. Todo esto no tiene ninguna explicación científica.

✓ Por fin se aseguraba que las setas escaldadas o muy bien cocidas perdían su malignidad. Esto solo es cierto cuando las sustancias nocivas son solubles en agua. Pero los venenos más peligrosos, como los que se encuentran en la cicuta verde (*Amanita phalloides*) no se alteran con la cocción y te puedes morir... ¡comiendo un plato de setas bien cocidas!

✓ Si te dispones a **identificar una seta** debes consultar una guía. Puedes empezar con esta que tienen en tus manos. Una seta **se identifica por su nombre** y aquí empieza el problema.

✓ En nuestro país algunas seta, no todas, se reconocen por su **nombre popular**, a veces más de uno para la misma seta, pero a menudo no existe ninguno. Por esto hay que ponerse de acuerdo y elegir un solo nombre para cada seta que sea conocido y aceptado por todos los países con sus diversas lenguas.

✓ Por esto se propuso y se aceptó el que se conoce como **nombre científico**, uno solo para cada ser vivo, formado por dos palabras latinas una para el género y la otra para el epíteto especifico.

✓ Así, un rebozuelo por ejemplo recibe el nombre de *rossinyol* en catalán, *zizahori* en vasco, *cantarela* en gallego, *girole* en francés, *chanterelle* en inglés, *liska obecna* en checo y *gallinaccio* en italiano. Pero tiene un solo nombre científico, *Cantharellus cibarius* que consta en todos los libros sean escritos en cualquier idioma.

Si te fijas bien, en los textos de la página siguiente el nombre científico Cantharellus cibarius *se escribe de la misma forma en todos ellos, sea cual sea la lengua del texto correspondiente.*

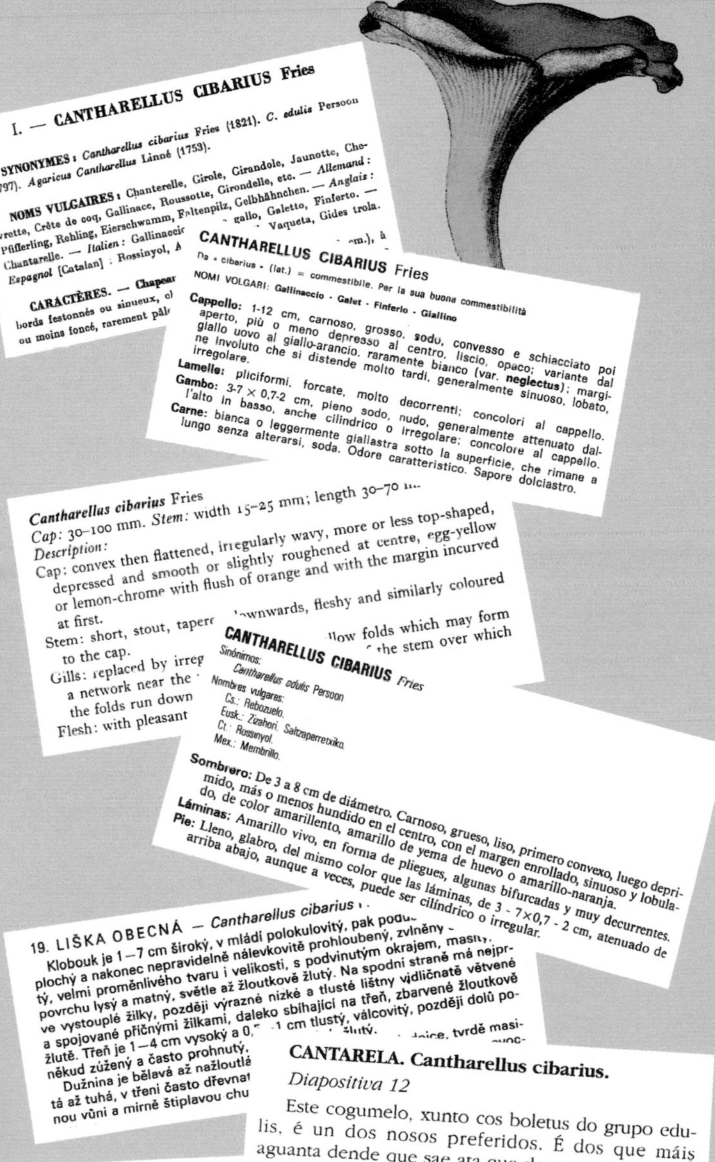

I. — CANTHARELLUS CIBARIUS Fries

SYNONYMES : *Cantharellus cibarius* Fries (1821). *C. edulis* Persoon (1797). *Agaricus Cantharellus* Linné (1753).

NOMS VULGAIRES : Chanterelle, Girole, Girandole, Jaunotte, Chevrette, Crête de coq, Gallinace, Roussotte, Girondelle, etc. — *Allemand :* Pfifferling, Rehling, Eierschwamm, Faltenpilz, Gelbhähnchen. — *Anglais :* Chantarelle. — *Italien :* Gallinacci... gallo, Galetto, Finferto. — *Espagnol* [Catalan] : Rossinyol, A... Vaqueta, Gides trola.

CARACTÈRES. — Chapeau ... cm.), à bords festonnés ou sinueux, ... ou moins foncé, rarement pâl...

CANTHARELLUS CIBARIUS Fries

Da « cibarius » (lat.) = commestibile. Per la sua buona commestibilità

NOMI VOLGARI: Gallinaccio - Galet - Finferlo - Giallino

Cappello: 1-12 cm, carnoso, grosso, sodo, convesso e schiacciato poi aperto, più o meno depresso al centro, liscio, opaco; variante dal giallo uovo al giallo-arancio, raramente bianco (var. **neglectus**); margine involuto che si distende molto tardi, generalmente sinuoso, lobato, irregolare.

Lamelle: pliciformi, forcate, molto decorrenti; concolori al cappello.

Gambo: 3-7 × 0,7-2 cm, pieno sodo, nudo, generalmente attenuato dall'alto in basso, anche cilindrico o irregolare; concolore al cappello.

Carne: bianca o leggermente giallastra sotto la superficie, che rimane a lungo senza alterarsi, soda. Odore caratteristico. Sapore dolciastro.

Cantharellus cibarius Fries

Cap: 30–100 mm. *Stem:* width 15–25 mm; length 30–70 ...

Description:

Cap: convex then flattened, irregularly wavy, more or less top-shaped, depressed and smooth or slightly roughened at centre, egg-yellow or lemon-chrome with flush of orange and with the margin incurved at first.

Stem: short, stout, taper... ...wnwards, fleshy and similarly coloured to the cap.

Gills: replaced by irreg... ...llow folds which may form a network near the ... the stem over which the folds run down

Flesh: with pleasant

CANTHARELLUS CIBARIUS *Fries*

Sinónimos:

Cantharellus edulis Persoon

Nombres vulgares:

Cs.: Rebozuelo.

Eusk.: Zizahori. Saltzaperretxiko.

Ct.: Rossinyol.

Mex.: Membrillo.

Sombrero: De 3 a 8 cm de diámetro. Carnoso, grueso, liso, primero convexo, luego deprimido, más o menos hundido en el centro, con el margen enrollado, sinuoso y lobulado, de color amarillento, amarillo de yema de huevo o amarillo-naranja.

Láminas: Amarillo vivo, en forma de pliegues, algunas bifurcadas y muy decurrentes.

Pie: Lleno, glabro, del mismo color que las láminas, de 3 - 7×0,7 - 2 cm, atenuado de arriba abajo, aunque a veces, puede ser cilíndrico o irregular.

19. LIŠKA OBECNÁ — *Cantharellus cibarius* ...

Klobouk je 1—7 cm široký, v mládí polokulovitý, pak podu... plochý a nakonec nepravidelně nálevkovitě prohloubený, zvlněný - ... tý, velmi proměnlivého tvaru i velikosti, s podvinutým okrajem, masi... povrchu lysý a matný, světle až žloutkově žlutý. Na spodní straně má nejprve vystouplé žilky, později výrazné nízké a tlusté lišty vidličnatě větvené a spojované příčnými žilkami, daleko sbíhající na třeň, zbarvené žloutkově žlutě. Třeň je 1—4 cm vysoký a 0,... 1 cm tlustý, válcovitý, později dolů po... někud zúžený a často prohnutý, ... žlutý. ... dnice, tvrdě masi... Dužnina je bělavá až nažloutlá ... tá až tuhá, v třeni často dřevnat... nou vůni a mírně štiplavou chu...

CANTARELA. Cantharellus cibarius.

Diapositiva 12

Este cogumelo, xunto cos boletus do grupo edulis, é un dos nosos preferidos. É dos que máis aguanta dende que sae ata que desaparece.

Tarda moito en podrecer e non o atacan os vermes.

ROSSINYOL

Cantharellus cibarius

Bolet inconfusible, gairebé sempre d'un groc daurat i una silueta característica dels exemplars ben desenvolupats en forma d'embut irregular, molt apreciat arreu d'Europa i de molta tradició al nostre país. Surt a la darreria dels estius plujosos i durant tota la tardor, en boscos d'alzines, roures, en pinedes i boscos mixtos.

El buscador de setas en la cocina

Propiedades de las setas

Para conocer el **valor nutritivo** de las setas se precisa conocer en primer lugar de qué están hechos y qué sustancias contienen.

Las setas están formadas por hifas del micelio que las ha producido, compactadas y dispuestas de diversas formas, que en cada caso dan una consistencia diferente a su carne.

Según su disposición y la forma en que están entrelazadas dan una carne blanda como la de las mucosas o dura como la de los hongos yesqueros, fibrosa como la de las amanitas, frágil como la de las negrillas o bien compacta y graneada como la de los níscalos.

Las hifas están llenas de agua que lleva disueltas sales minerales y algunas vitaminas. Las setas también aportan algunas proteínas, azúcares y grasas en muy poca cantidad.

La pared de las hifas está recubierta de una sustancia protectora muy dura, la quitina, parecida a la que forma el esqueleto externo de las gambas. La quitina no se digiere. Por esta razón, las setas, aunque tan agradables, son indigestas y se recomienda comerlas con moderación, siempre como una guarnición y no como un plato principal cuantioso.

Las paredes de las hifas representan, por término medio, solamente un 10% del peso de una seta. El resto es agua que circula por el interior de las hifas. Ya se ve, por lo tanto, que su valor nutritivo es escaso y tan solo aportan unas 200 kilocalorias por kilo. Son muy apropiados para acompañar platos poco sabrosos en dietas pobres en calorías, que siguen aquellas personas que quieren adelgazar.

Comparación entre las calorías aportadas por 1 kg de setas y diversas cantidades de otros alimentos.

En cambio sus delicados aromas participan en la digestión y la hacen más fácil. Actúan de forma parecida a otros condimentos y especies.

El **valor gastronómico** de las setas depende de los gustos personales y del uso adecuado que se hace de ellas.

Una seta tiene dos propiedades fundamentales con referencia a la gastronomía, los aromas y su textura.

La mejor seta será pues aquella que reúna estas dos características, pero muy pocas son así. Quizás la oronja.

Según cuáles sean las propiedades de cada seta debe cocinarse de la forma más idónea para conseguir sacarle el máximo provecho. Los mejores níscalos son los hechos a la parrilla y las mejores mucosas aquellas que se añaden a un guisado de carne.

Ciertas setas son muy aromáticas y de un gusto muy intenso, como las senderuelas, pero de carne delgada y escasa que no aporta una buena textura. En cambio, un higróforo escarlata tiene una carne firme y agradable de masticar pero apenas sabe a nada. La experiencia te permitirá cocinar cada seta de la mejor manera posible.

Mezclar diversas clases de setas en un mismo guisado da buenos resultados si unas aportan aroma y otras la textura. Así, por ejemplo, puedes probar con unos cuantos boletos, unas lenguas de vaca, pies azules y un par de higróforos escarlata, que proporcionan la textura y un puñado de trompetas amarillas, otro de trompetas de los muertos y unas cuantas senderuelas, que aportan aromas y gustos refinados.

Manipulación de las setas

Una vez escogidas las setas que destines al consumo inmediato, del resto de la cosecha deberás separar las setas de cada clase, ya que según sean requerirán tratamientos distintos.

La mejor manera de conservar la setas es **secándolas**, con lo que se consigue eliminar una buena parte del agua que llevan. Una seta bien secada debe romperse fácilmente entre los dedos sin torcerse como si fuese de goma. En estas condiciones se conserva bien por espacio de un año o más en botes bien cerrados y al amparo de la luz. Para ello debes empezar por limpiar ben las setas, eliminando restos de tierra y de vegetales. Corta un trozo de la base del pie, que siempre suele llevar tierra pegada y difícil de eliminar.

Ponlas bien esparramadas sobre un papel absorbente. El papel de periódico va bien. Coloca las hojas de papel en un lugar seco y aireado por espacio de unos 10 días. Quizás algunas requieran más tiempo y otras estarán secas antes de lo previsto. Depende del tamaño y del tipo de seta y de las condiciones del ambiente. Los primeros días deberás cambiar el papel y remover las setas. A partir de la mitad del proceso ya no es necesario. El proceso es más rápido si antes de ponerlos a secar las sometes a una corriente de aire caliente con un secador de pelo durante un par de minutos dándoles la vuelta de vez en cuando.

Una vez te cerciores de que están bien secas ponlas en botes de cristal que cierren bien y etiquétalos con el nombre de la seta y la fecha de envasado.

Colmenillas secas.

No todas las setas son aptas para secarse. Se secan bien las de carne escasa (senderuelas, trompetas...) o algunas de más carnosas si se ponen a secar cortadas a láminas delgadas, como los boletos comestibles.

Cuando quieras utilizarlas ponlas en remojo en un recipiente con agua tibia que justo las cubra. En unos 20 minutos recuperan buena parte del agua que perdieron cuando se secaron, pero no toda. De esta forma, ya que han conservado los aromas y el sabor que tenían antes del secado, estas sustancias se encuentran en mayor proporción al estar disueltas en menos cantidad de agua, es decir, están más concentradas. Por esta razón las setas secas una vez revenidas son de mejor calidad que las recién recolectadas.

El agua del remojo es muy aromática y la puedes incorporar al guisado una vez colada para eliminar las impurezas o bien la puedes guardar en la nevera por un par de días y hacer una sopa. (¿Quieres una receta sorprendente por su sencillez y excelente resultado? Pon en un cazo al fuego el agua del remojo —un vaso grande— y la misma cantidad de agua. Añade dos cubitos de caldo concentrado —no de pastilla—, deja que empiece a hervir y que se disuelvan bien. Sírvelo como un consomé bien caliente. Excelente resultado con el agua de remojo de boletos comestibles o de senderuelas.)

Por desgracia muchas setas carnosas no se secan y se pudren antes. Para estas habrás de recorrer a otros procedimientos.

El **confitado** es un buen procedimiento para conservar setas que se comen directamente cuando se abre el bote. Son conservas en vinagre y sal con algunas hierbas aromáticas y especies. Son excelentes para acompañar un aperitivo o un pica pica, pero no son aptas para añadir a los guisados ya que su gusto avinagrado desmerece la mayoría de platos cocinados.

Te recomiendo hacerlo con setas muy pequeñas, a veces llamadas *botones* o con setas carnosas jóvenes, de carne firme, cortadas a trocitos. Se pueden confitar, entre otras, níscalos, níscalos de sangre vinosa, mucosa blanca, higróforo escarlata y algunos boletos.

Limpia y trocea las setas si son grandes, Ponlas en un recipiente con agua hirviendo durante 1 minuto y escúrre-

Botones de níscalos confitados.

las. Deja que se enfríen y llena con ellas botes de cristal. En un cazo pon la cantidad de líquido que creas que vas a necesitar, a razón de una parte de vinagre por dos de agua. Añade sal, unos granos de pimienta negra y las hierbas aromáticas al gusto (orégano, laurel, tomillo, ajedrea...). Deja que hierva 5 minutos a fuego suave. Retira el cazo del fuego y deja que se enfríe. Llena hasta cerca del borde los botes donde hay las setas, ciérralos y ponlos en una olla con agua que los cubra. Deja hervir el agua durante 20 minutos.

Retira los botes, deja que se enfríen y etiquétalos con el nombre de la seta y la fecha de envasado. Se conservan por más de un año.

Las setas **en conserva** permiten que sean consumidas fuera de temporada. Son adecuadas para añadir a los guisos de carne aunque pierden casi todos sus aromas pero conservan una textura agradable.

Para la preparación procede igual que se ha explicado para confitarlas pero añade solamente agua hervida y fría con sal. Una vez cerrados los botes se esterilizan con agua hirviendo como en el proceso del confitado. Se guardan bien durante 1 año. Cuando las quieras utilizar se han de lavar con abundante agua para eliminar el exceso de sal.

Todas las setas **se pueden conservar congeladas**. Te aconsejo que lo hagas así:

Limpia bien la setas y ponlas enteras o troceadas según el uso a que las destines, en una paella con un poco de mantequilla. Pásalas durante 1 minuto a fuego vivo. Retira la paella y deja que se enfríe. Ponlas en bolsas de plástico en cantidades de uso normal. Pega una etiqueta con el nombre de la seta y la fecha de la congelación en cada bolsa y ponlas en el congelador. Se han de consumir preferentemente antes de 6 meses. Si dispones de un congelador a –18 °C se conservan 1 año.

Conserva casera de una mezcla de setas.

Cuando las quieras utilizar échalas directamente a la sartén o en una bandeja al horno, o bien añádelas a un guiso a mitad de la cocción, pero nunca debes dejar que se descongelen al aire.

Las setas congeladas pierden algo de su primitiva textura pero conservan bien los aromas.

Recetario

Te he separado las recetas de cocina en dos bloques. El primero, **Recetas tradicionales,** reúne algunas de ellas que es posible que ya hayas experimentado. Pero fíjate bien ya que es muy probable que encuentres detalles que pueden mejorar el resultado que hayas podido obtener hasta ahora.

En el segundo, **Recetas sugerentes y originales,** te propongo unos platos poco conocidos con los cuales puedes sorprender agradablemente a tus familiares y amigos.

RECETAS TRADICIONALES

NÍSCALOS A LA PARRILLA

A pesar de que todo el mundo sabe hacer níscalos a la parrilla, te aconsejo que los hagas tal como aquí te explico, ya que de este modo se evita que las setas pierdan excesiva agua de su interior y queden resecas. Haciéndolo así conseguirás una textura agradable y mejor sabor. Sirve también para los níscalos de sangre vinosa.

Lo primero que hay que hacer es encender un buen fuego de leña y dejar que se hagan unas buenas brasas. Distribúyelas bien para que el calor llegue con la misma intensidad a cualquier punto de la parrilla.

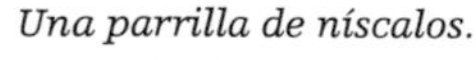

Una parrilla de níscalos.

Limpia las setas y corta los pies, que puedes aprovechar para condimentar algún plato o añadirlos a una mezcla de setas. Ponlas en una bandeja con las láminas mirando hacia arriba. Con la ayuda de un pincel pinta las láminas con aceite de oliva. Con poco es suficiente ya que si hay demasiado se derramará sobre las brasas.

Reparte los sombreros sobre la parrilla con las láminas mirando hacia abajo. Pon la parrilla sobre las brasas unos 10 cm por encima de ellas durante 3 o 4 minutos. Retira la parrilla y con el pincel pinta la superficie de los sombreros con aceite y dales la vuelta. Con el pincel vuelve a pintar las láminas que ahora tienes a la vista y vuelve a poner la parrilla sobre las brasas, dejándola 2 o 3 minutos.

Retira las setas y colócalas en una bandeja. Ahora es el momento de echarles un poco de sal (nunca antes). Según el gusto de cada uno se las puede aderezar con un poco de pimienta negra recién molida o bien con ajo y perejil que tendrás preparado a parte (yo lo desaconsejo ya que enmascara los deliciosos aromas de los níscalos).

SOPA DE NEGRILLAS

Esta sopa, muy apreciada por todos los paladares, se puede hacer de muchas formas distintas, pero la receta que te propongo es la que a mi gusto da mejor resultado. La cantidad de negrillas depende de tu cosecha y la que se indica en la receta es orientativa. Si pones mayor cantidad, ¡mejor!

- ½ kg de negrillas
- 2 cebollas medianas
- 2 rebanadas de pan de molde, sin la corteza
- 1,5 l de caldo vegetal (puede ser envasado)
- 1 diente de ajo
- 12 almendras tostadas

Limpia bien las setas y resérvalas. En una sartén con un poco de aceite pon la cebolla cortada a trocitos y, a fuego lento, déjala pochar durante unos minutos hasta que quede transparente. Reserva unas cuantas negrillas enteras entre las más pequeñas para adornar la sopa al final y el resto ponlo en la sartén con la cebolla. Corta el diente de ajo a láminas finas, añádelo a la sartén y déjalo a fuego lento unos 10 minutos.

Echa el caldo en un cazo y ponlo al fuego. Cuando empiece a hervir añade el contenido de la sartén, el pan y sal y pimienta al gusto. Remueve y déjalo hervir unos 5 minutos.

En un mortero pica las almendras y tíralas a la sopa. Deja el cazo al fuego 5 minutos más y retíralo. Con una batidora tritura el contenido hasta obtener un puré fino y ponlo en una sopera.

En una sartén con un poco de mantequilla pasa las negrillas pequeñas que has reservado y añádelas a la sopa. Sírvela muy caliente. Si se ha enfriado durante la manipulación caliéntala de nuevo.

Da muy buen resultado añadir a esta sopa, justo antes de servirla, unas cuantas albóndigas de carne picada, muy pequeñas, fritas en una sartén.

CANELONES DE BOLETOS

Estos canelones, muy sabrosos y originales, pueden hacerse con distintos tipos de boletos de calidad (*Boletis edulis, B. aereus, B. pinicola*...), mejor si son secos que no recién recolectados.

- 20 canelones
- 80 g de boletus secos (600 g si son frescos)
- 2 cebollas medianas
- 2 huevos
- 200 g de queso emmental rallado
- crema de leche

Pon las setas en remojo en agua tibia que las cubra, media hora antes de cocinarlas.

En una sartén con un poco de aceite pon la cebolla cortada a trocitos y, a fuego lento, déjala pochar durante unos minutos hasta que quede transparente. Añade las setas y un poco del agua del remojo. Déjalo cocer a fuego lento durante unos 5 minutos sin dejar de remover.

Retira la sartén y añade la mitad del queso, rallado en el mismo momento, 4 cucharadas soperas de crema de leche para cocinar, las yemas de los huevos y sal y pimienta al gusto. Vuelve a poner la sartén a fuego lento y sin dejar de remover déjala 5 minutos más. Si la mezcla se espesa demasiado añade agua del remojo.

Déjalo enfriar y rellena los canelones previamente cocidos en agua y enfriados como es habitual.

En una bandeja de horno untada con mantequilla coloca los canelones y cúbrelos con una bechamel tradicional y el resto del queso rallado. Gratínalo al horno y sirve caliente.

Mucosa negra preparada para cocinar.

POLLO CON MUCOSAS

Esta receta también es válida para cocinar un pato. Recuerda que las mejores mucosas son las negras (pág. 64).

- 1 pollo entero
- ½ kg de mucosas
- 1 cebolla grande
- ½ litro de caldo de pollo (puede ser envasado)
- 1 copa de vino de Jerez
- 3 hojas de laurel

Limpia el pollo de impurezas, salpimiéntalo, pásalo por harina blanca y déjalo dorar por todas partes en una cazuela con aceite. Resérvalo.

Aprovechando el mismo aceite echa la cebolla cortada a pedacitos y a fuego muy lento deja que se poche. Añade el vino y deja que se reduzca.

Añade el caldo, las mucosas limpias, las hojas de laurel y el pollo. Tapa la cazuela y déjala al fuego hasta que empiece a hervir. Tápala y ponla dentro del horno caliente a 220 °C. El pollo estará listo en una media hora (depende de su tamaño).

Cuando pinchándolo compruebes que está al punto, retíralo, ponlo en una bandeja de servir con el contenido de la cazuela, eliminado las hojas de laurel, y sírvelo muy caliente.

ASADO DE TERNERA CON MUCOSAS NEGRAS

La ternera puede hacerse con setas de otro tipo, como rebozuelos o boletos o bien con una mezcla, el día que la cosecha ha sido variada pero no muy abundante.

- 1 redondo de terneda atado y preparado para asar, de 1 kg de peso
- ½ kg de mucosas u otras setas de temporada
- 2 tomates
- 1 cebolla
- 1 diente de ajo
- 1 zanahoria grande
- 1 vasito de vino de Jerez seco
- 1 hatillo de hierbas aromáticas

Dora la carne en una cazuela con un poco de aceite a fuego vivo y durante poco tiempo.

Trocea el tomate, la cebolla y la zanahoria y échalo a la cazuela. Añade el aceite preciso para que se saltee bien. Pon sal y pimienta al gusto, el hatillo de hierbas y el vino.

Tapa la cazuela y ponla a fuego suave durante media hora, vigilando que no se reseque el conteniendo. Si es necesario añade caldo o agua. A media cocción, dale la vuelta la carne. El tiempo previsto es aproximado. Has de ir pinchando la carne hasta que no salga sangre y retírala en este momento. Resérvala.

Elimina el hatillo y el diente de ajo. Pasa por el colador chino el resto del contenido de la cazuela y vuelve a ponerlo dentro. Corta la carne a rodajas y ponlos en la cazuela. Añade las setas limpias y troceadas y déjalo cocer 15 minutos a fuego lento.

Sírvela bien caliente en una bandeja con la carne en el centro rodeada de las setas. Puedes adornar con un poco de perejil por encima.

ESPAGUETIS CON SETAS

Los espaguetis de mejor calidad son los de pasta fresca y las setas pueden ser frescas o secas en conserva. Se pueden cocinar con boletos anillados, negrillas, higróforos escarlata, lenguas de vaca o con una mezcla de todos ellos que proporcionan una buena textura y añadir algunas setas secas que aportan aroma, como boletos o senderuelas.

- 600 g de setas frescas
- 20 g de setas secas
- ½ kg de espaguetis o su equivalente en pasta fresca
- 6 tomates
- 2 cebollas
- 2 dientes de ajo
- un ramito de tomillo
- 150 g de queso parmesano

Posa a remullar els bolets secs mitja hora en aigua tèbia que just els cobreixi. Escalda els tomàquets en aigua bullent, pela'ls, talla'ls a bocins y reserva'ls.

Pon las setas secas en remojo en agua tibia que los cubra media hora antes de cocinarlos. Escalda y pela los tomates, córtalos a trocitos y resérvalos.

En una paella con un poca de aceite pocha los ajos a láminas y las cebollas troceadas. Cuando la cebolla esté transparente añade las setas secas escurridas y las setas frescas limpias y troceadas. Sin dejar de remover y a fuego lento deja la sartén al fuego durante 5 minutos.

Echa el tomate, las hojas de tomillo a trocitos, sal y pimienta al gusto y el agua del remojo colada. Cuando recupere el hervor mantén la paella a fuego lento durante 15 minutos más.

Mientras tanto habrás cocido la pasta al dente. Escúrrela y añádele la salsa. Remueve bien y esparce el queso rallado por encima. Sirve enseguida y muy caliente.

CARRILLERAS DE CERDO CON REBOZUELOS

La carne tierna y sabrosa de las carrilleras se enriquece con la textura y el gusto de los rebozuelos y resulta un plato exquisito.

- 8 carrilleras de cerdo
- 750 g de rebozuelos
- 2 limones
- 3 dientes de ajo
- 1 cebolla
- 1 vaso de coñac
- ¼ de litro de caldo de carne (puede ser envasado)

Deja macerar la carne durante 24 horas en un recipiente con el coñac, los dientes de ajo, el jugo de los limones, sal, la pimienta y un chorrito de aceite. A las 12 horas dales la vuelta a las carrilleras.

*Trompetas amarillas (*Cantharellus lutescens*).*

En una bandeja de horno pon un lecho de rodajas de cebolla, echa un chorro de aceite y pon las carrilleras encima. Rocíalas con el caldo y con jugo de la maceración colado. Pon la bandeja al horno caliente a 220 °C y ve rociando la carne con jugo de la maceración suficiente para que no quede nunca seca. Cuando la carne esté en su punto, melosa y nunca reseca, retírala y pasa por el colador todo el contenido de la bandeja.

Pon el jugo colado en una paella y añádele la maizena y sin dejar de remover espera que se espese.

En otra paella pasa lo rebozuelos con un poco de mantequilla durante 2 o 3 minutos a fuego suave.

En una bandeja de servir coloca las carrilleras y vierte encima la salsa de la paella y los rebozuelos. Sirve caliente.

RECETAS SUGERENTES Y ORIGINALES

PASTEL DE SETAS

Este pastel resulta apropiado de hacer cuando se dispone de una cosecha variada pero escasa.

Se pueden mezclar las setas recogidas procurando que las haya de todo tipo, unas con buena textura y otras que aporten gusto y aroma.

También se puede hacer con setas congeladas que quizás hayas acumulado en sucesivas cosechas poco afortunadas y cuando haga falta puedes complementar con unos cuanto champiñones, que siempre hay en el mercado.

- ½ kg de mezcla de setas (rebozuelos, mucosas, níscalos, senderuelas, trompetas amarillas, negrillas...)
- 20 g de boletos secos
- 100 g de panceta de cerdo
- 1 botella de crema de leche
- 2 cucharadas de coñac
- 100 cc de vino blanco
- 4 huevos
- 125 cm³ de caldo vegetal (puede ser envasado)
- 1 cucharada de maizena
- ajo y perejil

En una paella con un poco de mantequilla saltea las setas limpias y troceadas y la panceta a trocitos muy finos. Cuando las setas ya hayan soltado el agua, añade los boletos remojados previamente en agua tibia, 1 cucharada de coñac, el vino y ajo y perejil al gusto. Tapa la paella y déjala a fuego lento que se vaya reduciendo el jugo removiendo de vez en cuando. Una vez conseguida una mezcla homogénea, pero jugo, retírala del fuego. Pon el contenido de la paella en un recipiente y tritúralo con la batidora. Reserva 2 cucharadas aparte para hacer la salsa.

En un recipiente adecuado bate los huevos con un poco de sal y pimienta. Añade la crema de leche y la pasta de setas de la paella y remueve para homogeneizar.

Llena un molde de 22 x 10 cm con la mezcla anterior, ponlo en un recipiente con agua y éntralo al horno calentado a 220 °C, donde se ha de cocer en este baño María durante media hora. Vigila si se ha de retirar antes o después, cuando veas que el pastel esté consistente.

Prepara la salsa: En un cazo pon un poco de mantequilla, pon las 2 cucharadas de setas reservadas, 1 cucharada de coñac, 125 cm³ de crema de leche y el caldo vegetal. Añade la maizena desleída en un poco de agua y sal y pimienta al gusto. Pon el cazo a fuego moderado y sin dejar de remover consigue una salsa espesa en 3 o 4 minutos.

Saca el pastel del molde y córtalo a lonchas gruesas. Colócalas en una bandeja de servir y rocíalas con la salsa bien caliente. Adórnalo con un poco de perejil por encima y sirve.

RAPE CON NÍSCALOS

Tradicionalmente las setas acompañan platos de carne, pero te sugiero algunas recetas de platos de pescado muy interesantes.

- 8 rodajas de rape
- 600 g de níscalos
- 4 dientes de ajo o 2 puerros pequeños
- 1 vasito de vino blanco
- 1 limón

- 12 almendras tostadas
- azafrán
- perejil

En una cazuela de barro o antiadherente echa un chorro de aceite y reparte las rodajas de rape con un poco de sal. Entra la cazuela al horno precalentado a 200 °C y déjala 6 o 7 minutos. Retírala y reserva.

En una paella con mantequilla y aceite a partes iguales saltea los dientes de ajo o el puerro a tiras. Resérvalo.

En otra paella con mantequilla y aceite a partes iguales saltea las setas limpias y troceadas durante unos 2 minutos.

En un mortero pica las almendras con un puñado de perejil y azafrán al gusto. Añade el vino y una cucharada de jugo de limón y remueve bien.

Encima de las rodajas de rape, echa la picada, los níscalos y los ajos salteados, bien repartido.

Vuelve la cazuela al horno y mantenla durante 12 minutos. Sirve enseguida, muy caliente.

COLMENILLAS RELLENAS DE CARNE PICADA

Las colmenillas se suelen hacer rellenas de paté de foie según esta misma receta, pero haciéndolas con carne picada de cerdo también se consigue un buen resultado.

Para unas 20 o 25 colmenillas secas (depende del tamaño)

- 125 g de carne picada de cerdo (pasada dos veces por la máquina para obtener una textura fina)
- 1 manojo de ajos tiernos
- 12 escaloñas
- 1 botella de crema de leche

Pon las colmenillas en remojo en agua tibia media hora antes de cocinarlas. Escúrrelas y saltéalas en una sartén con un poco de mantequilla a fuego lento durante 3 o 4 minutos. Déjalas enfriar.

En una paella con un poco de aceite fríe la carne con sal y pimienta al gusto, sin dejarla que se reseque. Rellena las colmenillas con la ayuda del mango de una cucharita y resérvalas.

Deja pochar en una paella con un poco de mantequilla los ajos tiernos cortados a trozos y las escaloñas. Añade crema de leche en cantidad suficiente para que cubra las verduras y a fuego lento déjalas cocer hasta que se haya reducido la crema de leche. Reserva.

En el momento antes de servir, pon la paella con las verduras a fuego lento y distribuye uniformemente las colmenillas rellenas encima. Déjalo el tiempo suficiente para que se caliente sin removerlo.

Se puede preparar el día antes de ponerlo a la mesa y calentarlo como he explicado en el momento de servir.

CALAMARES RELLENOS CON SENDERUELAS

Los calamares rellenos con carne o con las propias patas de los calamares son bien conocidos. La originalidad de esta receta está en rellenarlos con setas. El resultado es excelente.

- 6 calamares
- 250 g de senderuelas frescas o 30 g de secas
- 3 tomates
- 2 cebollas medianas
- 2 huevos
- 30 g de queso emmental rallado
- 25 g de miga de pan
- 1 vasito de vino blanco
- piñones
- perejil

Si utilizas setas secas ponlas en remojo en agua tibia que las cubra media hora antes de cocinarlas. Escúrrelas y guarda el agua. Elimina los pies de las más grandes y saltéalas en una sartén con un poco de mantequilla durante 3 minutos. Resérvalas.

Limpia los calamares, corta las patas y resérvalas. Prepara los huevos duros y resérvalos.

En una cazuela con un poco de aceite pocha 1 cebolla cortada a trocitos. Cuando esté transparente añade las patas de los calamares a trozos pequeños y déjalos cocer 3 o 4 minutos.

Añade la miga de pan embebida con un poco de leche, los huevos duros a pedacitos, el queso rallado, las setas y perejil picado. A fuego lento y removiendo continuamente consigue una pasta homogénea. Rellena los calamares con esta pasta y ciérralos con un palillo para que no se salga. Pásalos por harina y fríelos en una sartén con abundante aceite.

En una cazuela pocha la otra cebolla. Cuando esté transparente añade el vino y cuando se reduzca, los tomates rallados, unos cuantos piñones, medio vaso de agua del remojo y los calamares. Mantenla a fuego moderado durante media hora, removiendo de vez en cuando y vigilando que no se reseque. Si acaso ve añadiendo agua del remojo. Al final debe quedar un guiso jugoso.

CEBOLLITAS CARAMELIZADAS CON BOLETOS Y ALBÓNDIGAS

Un plato exquisito, muy original, que se puede servir tal cual o bien como acompañamiento de platos de carne asada.

- 200 g de cebollitas
- 200 g de boletos frescos o 25 g de secos
- 100 g de carne picada de cerdo
- 50 g de panceta de cerdo curada
- 25 g de azúcar
- perejil

Si utilizas boletos secos ponlos en remojo en agua tibia que los cubra media hora antes de cocinarlos.

Saltéalos en una sartén con un poco de aceite hasta que suelten el agua que llevan. Resérvalos.

Corta la panceta a pedacitos y mézclala con la carne picada, perejil y sal y pimienta al gusto. Con esta mezcla haz albóndigas muy pequeñitas, fríelas y resérvalas.

En una cazuela antiadherente pon 5 cucharadas de aceite de oliva de buena calidad, el azúcar, las cebollitas enteras y una pizca de sal.

Añade agua que las cubra y a fuego muy bajo y, con la tapa de la cazuela entreabierta que permita que salga el vapor de agua, déjalas cocer hasta que se evapore toda el agua.

Saca las cebollitas una a una y ponlas en la bandeja de servir. Saltea en la sartén las setas y las albóndigas y repártelas en la bandeja de servir acompañando las cebollitas. Sirve caliente.

QUICHE DE REVOLTILLO DE SETAS

Se puede hacer con las setas preferidas por cada uno o con un buen revoltillo.

- pasta fresca (o congelada) para hacer una quiche
- 500 g de setas al gusto o una seta equilibrada
- 1 cebolla
- 1 vaso de leche
- 150 cc de crema de lleche
- 6 huevos

Forra con la pasta un molde de horno de 24 cm.

En una paella pocha la cebolla a trocitos hasta que quede transparente. Añade las setas troceadas y déjalo a fuego lento 3 o 4 minutos removiendo de vez en cuando. Rellena la pasta con esta mezcla.

En un recipiente echa la leche, la crema de leche, los huevos y sal y pimienta al gusto. Remuévelo bien con una espátula y viértelo en el molde. Éntralo al horno caliente a 170 °C y estará al punto al cabo de unos 25 minutos. Comprueba que ha tomado consistencia y retíralo.

PATATAS RELLENAS CON BOLETOS Y FOIE

Estas patatas también se pueden cocinar con otros tipos de setas pero los boletos son muy aromáticos, sobre todo si los utilizas secos, y dan muy bien resultado. Puedes probarlo con níscalos o con una mezcla de rebozuelos y senderuelas.

Cantidades necesarias para cada patata mediana que corresponde a una ración:

- 40 g de foie *micuit* o similar
- 100 g de boletos frescos o 12 g de secos
- medio puerro o un tercio si es grande
- 1 escaloña
- 2 cucharadas de vino de Oporto
- 2 cucharadas de crema de leche
- 20 g de queso emmental rallado

Si utilizas boletos secos ponlos en remojo en agua tibia que los cubra media hora antes de cocinarlos.

En una olla de agua hirviendo echa las patatas con piel y déjalas cocer unos 15 minutos, tiempo suficiente para una patata mediana. Retíralas. Sumérgelas en agua fría. Pélalas. Corta una de las puntas de cada patata para que puedas entrar una cuchara y vaciarlas parcialmente para dejar espacio para el relleno.

En una sartén con aceite saltea el puerro a trocitos y las escaloñas troceadas. Cuando esté casi listo añade las setas, sal y pimienta al gusto y déjala a fuego suave unos 5 minutos removiendo de vez en cuando. Añade el vino y la crema de leche y deja que se reduzca.

Aprovecha un poco de patata de la que has sacado antes, y mézclala bien con el foie. Incorpora la mezcla a la sartén removiendo un ratito hasta obtener una pasta homogénea.

Rellena las patatas y distribúyelas en una bandeja de horno untada con mantequilla. Cubre con una bechamel, reparte el queso rallado y gratina al horno.

HAMBURGUESAS CON REBOZUELOS

Una cosa tan sencilla de hacer como unas hamburguesas, se transforma en un plato de gourmet cuando se le añaden unas setas adecuadas y se cocinan según esta receta. Se pueden hacer con rebozuelos, con una mezcla de rebozuelos y senderuelas o también con níscalos.

- 750 g de carne picada de cerdo
- 50 g de panceta de cerdo curada
- 500 g de rebozuelos (u otras setas)
- 1 huevo
- 2 cucharadas de vino de Jerez seco
- 2 cucharadas de mantequilla
- 400 cm³ de vino blanco
- 1 cebolla
- 1 diente de ajo
- 1 cucharada de maizena
- perejil

En un recipiente pon la carne picada y la panceta a trocitos. Añade el huevo batido, sal, pimienta y perejil al gusto y el vino de Jerez y con una espátula homogeneíza la mezcla. Moldea 6 hamburguesas y resérvalas.

En una sartén con un poco de mantequilla saltea 350 g de las setas escogidas hasta que suelten el agua que llevan. Vierte encima 150 cm³ de vino blanco y deja la sartén a fuego medio y destapada para que se elimine casi la totalidad del jugo. Reserva.

En una sartén con un chorro de aceite saltea la cebolla y el diente de ajo a trocitos. Ponla a fuego medio y cuando la cebolla empiece a tomar color añade el resto de las setas picadas a trocitos. Añade sal y pimienta al gusto y baja el fuego al mínimo dejando que se vaya evaporando el jugo. Cuando esté casi seco vierte encima un vaso de agua, el resto del vino que te queda (250 cm³) y una cucharada de maizena. Remueve bien y continúa cociendo la mezcla durante 5 minutos más hasta que quede homogénea. Echa las setas reservadas y remueve.

Fríe las hamburguesas en una sartén con aceite y ponlas en una bandeja. Vierte encima el contenido de la otra sartén bien caliente.

Puedes adornar con unos picatostes.

Las setas que conviene conocer

Bajo este título agrupo las **setas comestibles**, que son el principal motivo que mueve a los buscadores de setas.

Conocerlas es la condición indispensable para hacer una cosecha sensata. Si al principio solamente conoces 2 o 3 setas con certeza empieza recogiendo tan solo estas y poco a poco irás aprendiendo a identificar algunas más a medida que te dejes aconsejar por personas experimentadas, visites exposiciones y hagas uso de guías como esta. Si cada temporada aprendes a reconocer 2 o 3 setas nuevas pronto irás descubriendo nuevos sabores y nuevas texturas y te darás cuenta de que hay muchas setas comestibles además de las tradicionales.

La aventura es apasionante pero antes de que tomes el cesto quiero hacerte algunas reflexiones.

El número de buscadores de setas que frecuentan algunos bosques durante la temporada **es abusivo**. Por respetuosos que sean solamente el pisoteo ya representa una importante agresión al bosque. Es lícito el placer de recoger setas pero hazlo con prudencia y procura no acudir a los sitios más frecuentados. Busca otros lugares de difícil acceso o más alejados.

Recuerda que las **cosechas desmesuradas** no son aconsejables. Quizás no tendrás tiempo suficiente para condicionar todas las setas y se estropearán sin beneficio para nadie. Has de saber decir: ¡basta! Además **las setas son indigestas** y se deben consumir en pequeña cantidad.

Anisada

Clitocybe odora

A PRIMERA VISTA:

De tamaño mediano, de color gris pálido a verde azulado. Láminas en la parte inferior del sombreo. Intenso olor de anís.

FÍJATE BIEN:

SOMBRERO: De 3 a 7 cm, de joven redondeado y cuando la seta crece se aplana y acaba en forma de embudo. De color gris, a veces con tonos verdosos o azulados.
LÁMINAS: Finas, verdosas, más pálidas que el sombrero.
PIE: De 3 a 5 cm, blanco o de los mismos tonos que el resto de la seta. Algo hinchado hacia la base.
CARNE: PDelgada. Un poco elástica, no se desmenuza fácilmente. De color blancuzco. Olor penetrante de anís.

DÓNDE SALE:

No tiene acusadas preferencias y aparece por todas partes dentro del bosque mientas haya humedad.

CUÁNDO SALE:

Desde fines de verano y durante el otoño.

COMESTIBILIDAD:

Comestible como condimento. Se debe utilizar en poca cantidad ya que, en caso contrario, unos postres o un guiso pueden adquirir un indeseable y fuerte gusto de anís.

OBSERVACIONES:

Es una seta que se encuentra más fácilmente con la nariz que con la vista ya que se esconde entre la hojarasca, pero su fuerte olor de anís delata su presencia.

Armilaria de color miel

Armillaria mellea

A PRIMERA VISTA:

Casi siempre crece en grupos de muchas setas juntas en la copa de árboles vivos y en los tocones de los árboles cortados.

FÍJATE BIEN:

SOMBRERO: De 4 a 12 cm. Aplanado con un mamelón en el centro. De color de miel, más oscuro en el centro y más pálido hacia el borde.
LÁMINAS: Finas y juntas. Al principio blancas pero pronto toman tonalidades pardas y al final rojizas.
PIE: De 4 a 12 cm. Retorcido a causa del crecimiento de muchas setas unidas por la base del pie. De color blanco por encima del anillo y parduzco por debajo. Anillo situado en la parte alta del pie, blanco con el borde amarillo.
CARNE: Delgada. Blancuzca. De olor rancio.

DÓNDE SALE:

Sobre madera en grupos de muchos individuos juntos unidos por la base de los pies, formando ramos.

CUÁNDO SALE:

En otoño, en todo tipo de bosques.

COMESTIBILIDAD: Comestible de poca calidad y mal tolerado por algunas personas. Solamente se pueden aprovechar los sombreros de los ejemplares jóvenes de carne firme.

OBSERVACIONES: Esta seta produce una esporada muy abundante de color blanco. Los sombreros inferiores se encuentran cubiertos de una especie de polvo blanco que son las esporas desprendidas por los sombreros de encima.

Apagador

Macrolepiota procera

A PRIMERA VISTA:

Lo más sorprendente de esta seta es su tamaño, que puede llegar a medio metro de altura. Sombrero muy grande con láminas en su parte inferior. Pie largo con un anillo.

FÍJATE BIEN:

SOMBRERO: De 10 a 35 cm. En los ejemplares jóvenes está cerrado sobre el pie y la seta tiene el aspecto de una mano de mortero. Al crecer se abre y se aplana. De color crema con escamas parduzcas dispuestas en círculos concéntricos.
LÁMINAS: Anchas, finas, muy numerosas y juntas. De color blanco que se oscurecen con el tiempo.
PIE: De 16 a 40 cm. Derecho. Duro. De color crema con escamas pardas. Hacia la base se engrosa y forma un bulbo. Anillo doble que se puede hacer correr a lo largo del pie entre los dedos, sin romperse.
CARNE: Delgada hacia el borde del sombrero y más gruesa en el centro. Blanca. Blanda la del sombrero y dura la del pie. Olor agradable y gusto dulzón, quizás de avellana.

DÓNDE SALE:

En bosques claros de todo tipo y en sus márgenes.

CUÁNDO SALE:

Durante el otoño hasta fin de temporada mientras no se den heladas.

COMESTIBILIDAD: Buen comestible. Solo se aprovechan los sombreros de ejemplares jóvenes en el momento en que se abren.

OBSERVACIONES: De las setas terrícolas es la más grande del país.

Seta de tinta

Coprinus comatus

A PRIMERA VISTA:

A pesar de ser una seta de aspecto tradicional, no se abre nunca del todo y las láminas son difíciles de observar. Los ejemplares viejos ennegrecen y se deshacen.

FÍJATE BIEN:

SOMBRERO: De 2 a 6 cm. No se abre nunca totalmente. De color blanco con escamas blancas excepto las de la parte superior, que son de color ocráceo. Aspecto desgreñado.
LÁMINAS: Juntas y compactadas. Blancas. Cuando maduran las esporas se ennegrecen empezando por el borde y avanzando hacia el interior, al mismo tiempo que se deshacen formando un líquido negro.
PIE: De 10 a 20 cm. Blanco. Anillo muy delgado.
CARNE: Delgada y escasa. Se deshace como las láminas.

DÓNDE SALE:

Bordes de caminos, estercoleros y cultivos abandonados.

CUÁNDO SALE:

En otoño, pero ya desde fines de verano y puede aparecer hasta final de temporadas antes de las primeras heladas.

COMESTIBILIDAD:

Buen comestible, difícil de aprovechar ya que a las pocas horas de recogerlo no queda sino el pie flotando en un jugo negro, la tinta. Si consigues cocinarlo antes de que empiece a ennegrecerse es muy típico hacer tortillas.

OBSERVACIONES:

Lo más sorprendente de esta seta es la forma tan peculiar que tiene de dispersar las esporas. Al mismo tiempo que maduran toda la seta se va licuando y puesto que son negras se forma la tinta que va goteando hacia el suelo. Dicen que muchos años atrás se había utilizado esta tinta para escribir.

Trompeta amarilla

Cantharellus lutescens

A PRIMERA VISTA:

Seta pequeña pero fácil de ver porque sale en grupos y con su llamativo color destaca entre los musgos donde suele vivir. Recuerda un pequeño rebozuelo.

FÍJATE BIEN:

SOMBRERO: De 2 a 6 cm. En forma de embudo o aplanado, de contorno irregular. De color marrón por encima y anaranjado por debajo.

PIE: De unos 2 a 6 cm, poco definido ya que no es más que una prolongación del sombrero. Del mismo color que el de la parte inferior del sombrero.

PLIEGUES: Debajo del sombrero, la carne se arruga formando pliegues gruesos y espaciados, poco prominentes. No son láminas.

CARNE: Muy delgada, elástica. Olor de fruta, muy agradable.

DÓNDE SALE:

En pinares y bosques mixtos, entre el musgo y la hierba.

CUÁNDO SALE:

En otoño y entrado el invierno si no se producen heladas.

COMESTIBILIDAD:

Excelente comestible que hay que añadir generosamente a los guisos ya que tiene poca carne, pero muy aromática. También se pueden hacer buenas tortillas. Se seca con facilidad y se puede conservar en botes bien cerrados para ser consumido fuera de temporada.

OBSERVACIONES:

Es una seta agradecida de recoger, dado que cuando abunda nos permite hacer llenar un buen cesto sentados en el suelo.

Gonfidio viscoso

Chroogomphus rutilus

A PRIMERA VISTA:
De forma típica con láminas bajo el sombrero. Sin ningún rasgo especial que lo caracterice. Cuando lo arranques verás que en la punta del pie suele quedar una especie de telaraña de color amarillo sucio cuando se seca. Son restos del micelio que discurre bajo tierra.

FÍJATE BIEN:
SOMBRERO: De 3 a 10 cm. Cónico, incluso terminado en punta en los ejemplares recién salidos y aplanado más tarde. Pegajoso en tiempo húmedo. De color variable, beige, pardo, pardo rojizo o morado.
LÁMINAS: Gruesas, espaciadas, algo decurrentes por el pie. De color amarillo a pardo.
PIE: De 3 a 8 cm. Se adelgaza hacia la base y a menudo se tuerce. Del mismo color que el sobrero, se oscurece hacia la base.
CARNE: Escasa, compacta. De color amarillo o anaranjado.

DÓNDE SALE:
En pinares y bosques mixtos.

CUÁNDO SALE:
Desde final de verano y durante todo el otoño.

COMESTIBILIDAD: Comestible pero insulso. Cuando se saltea en la sartén ennegrece y no tiene buena presencia. Da buen resultado en una mezcla de setas.

OBSERVACIONES: Es una seta poco apreciada por su gusto, que casi no se nota. Cuando un buscador de setas vuelve fracasado y se le pregunta por su cosecha, a menudo dice: "¡No hay nada, solo 4 gonfidios!"

Senderuela

Marasmius oreades

A PRIMERA VISTA:

De forma tradicional, con sombrero y pie. Llama la atención su forma de crecer en los prados formando círculos, los conocidos corros de brujas. Al salir muchas setas juntas facilita la recolección y compensa su pequeñez.

FÍJATE BIEN:

SOMBRERO: De 2 a 5 cm. Cuando sale tiene forma de campana y al crecer se aplana. De color canela o más claro.
LÁMINAS: Anchas y espaciadas, del mismo color del sombrero o algo más claras.
PIE: De 4 a 7 cm. De color ocre. Elástico. Este carácter permite identificar las senderuelas y no confundirlas con otras setas parecidas.
CARNE: Muy escasa. De color crema. Olor muy agradable.

DÓNDE SALE:

En los prados de montaña y en lugares con hierba abundante en general, formando corros de brujas.

CUÁNDO SALE:

Suele aparecer en primavera y en otoño.

COMESTIBILIDAD:

Comestible de primera calidad. Se añade a guisos de carne como el fricandó. Se seca con facilidad y se conserva bien en botes bien cerrados durante más de 1 año.

OBSERVACIONES:

La elasticidad del pie de esta seta, que permite diferenciarlo, es muy fácil de comprobar. Toma la seta con dos dedos por el sombrero y tuerce el pie 2 o 3 vueltas con la otra mano. Suelta el sombrero y verás cómo recupera su posición inicial.

Champiñón de campo

Agaricus campestris

A PRIMERA VISTA:
Sombrero y pie de formas clásicas y láminas bajo el sombrero. Anillo poco definido, a veces casi inexistente, en la parte media del pie.

FÍJATE BIEN:
SOMBRERO: De 5 a 10 cm. Carnoso. Cerrado sobre el pie, de joven, y aplanado después. Color blanco con escamas blancas.
LÁMINAS: Blancas en la seta joven, después de color rosado y de color marrón chocolate en los ejemplares viejos.
PIE: De 5 a 8 cm. Blanco con escamas blancas. Anillo irregular, algodonoso, que se pierde con facilidad.
CARNE: Firme. Blanca. Hay quien asegura que hace olor de pan recién salido del horno y otros, de avellana.

DÓNDE SALE:
En prados de pastoreo. Pero también en los bordes de los caminos y en campos abonados.

CUÁNDO SALE:
Al final de los veranos lluviosos y durante el otoño.

COMESTIBILIDAD: Muy buen comestible. Mucho mejor que el champiñón cultivado, que es una especie próxima.

CONFUSIONES:

El cambio de color de las láminas de blanco a rosado y a marrón oscuro es un carácter muy importante que permite diferenciar esta seta de otras, sobre todo de las amanitas mortales (página 82), las láminas de las cuales se mantienen siempre blancas. Hay diversos champiñones muy parecidos de más o menos calidad.

Higróforo escarlata

Hygrophorus russula

A PRIMERA VISTA:

Sombrero y pie bien desarrollados. Láminas debajo del sombrero. Sombrero de color claro manchado de color de rosa.

FÍJATE BIEN:

SOMBRERO: De 5 a 10 cm de ancho, de forma redondeada de joven e irregular y abollado cuando la seta envejece. Carnoso. De color casi blanco manchado de rosa.
LÁMINAS: Finas, estrechas y muy juntas. Blancas con manchas rosadas.
PIE: De 4 a 10 cm. Grueso, a veces retorcido. Blanco con puntuaciones rosadas.
CARNE: Abundante y consistente. De color blanco. Débil olor de frutas.

DÓNDE SALE:

En encinares y robledales, en grupos.

CUÁNDO SALE:

Desde fines de verano hasta fines de otoño.

COMESTIBILIDAD:

Muy apreciado en según qué lugares. No es muy sabroso pero tiene una textura muy agradable. Indicado para hacer mezcla de setas con otras más aromáticas y pobres en carne.

OBSERVACIONES:

Es muy frecuente encontrarlas invadidas de larvas que se alimentan de la carne del sombrero, en cuyo caso deben desestimarse.

Boleto comestible

Boletus edulis

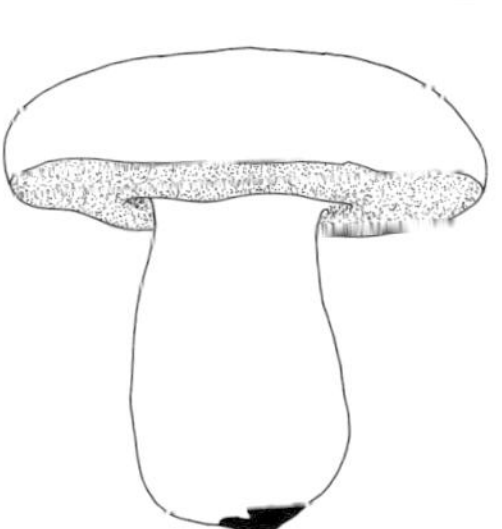

A PRIMERA VISTA:

Son setas grandes y carnosas, con tubitos muy finos debajo del sombrero formando una especie de esponja.

FÍJATE BIEN:

SOMBRERO: De 8 a 20 cm. De forma esférica de joven, se aplana con el tiempo. De color variable, de beige a canela pero no más oscuro.

TUBOS: De 1 a 4 cm de largo. Blancos al principio, van tomando coloraciones ocres o verdosas con el paso del tiempo.

PIE: De 6 a 15 cm. Obeso. En los ejemplares jóvenes puede ser más ancho que el sombrero y entonces la seta toma la forma de un tapón de champán.

CARNE: Compacta y gruesa. Blanca.

DÓNDE SALE:

En los pinares de montaña media y alta montaña.

CUÁNDO SALE:

En los veranos lluviosos y durante el otoño.

COMESTIBILIDAD:

Comestible excelente. Para añadir al fricandó y a otros guisos de carne y pollo. Se puede cortar a láminas finas y dejarlo secar. Se guarda bien en botes bien cerrados y se puede utilizar durante todo el año.

CONFUSIONES:

Hay diversos tipos de boletos pero los de buena calidad tienen los tubos blancos y no deben confundirse con otros de calidad muy menor con los tubos amarillos u ocráceos. ¡Los boletos de tubos blancos son buenísimos!

Negrilla

Tricholoma terreum

A PRIMERA VISTA:

Sombrero y pie bien desarrollados pero de carne escasa y quebradiza. Láminas debajo del sombrero. Color negruzco.

FÍJATE BIEN:

SOMBRERO: De 3 a 8 cm. En las setas recién salidas tiene forma de campana redondeada y en las adultas es aplanado, casi siempre con un mamelón central. De color gris con fibras negras.

LÁMINAS: Bastante anchas, separadas. Blancas o grises.

PIE: De 5 a 7 cm. Liso, frágil. Se ensancha hacia arriba y se adelgaza hacia la base. Del mismo color de las láminas.

CARNE: Escasa. Se desmenuza fácilmente entre los dedos. Sin olor característica.

DÓNDE SALE:

Entre las agujas de los pinos en pinares de toda clase.

CUÁNDO SALE:

Durante el otoño y entrado el invierno.

COMESTIBILIDAD:

Muy buen comestible. Tiene poca carne y hay que poner una cierta cantidad. Excelente para hacer sopas (pág. 38).

CONFUSIONES:

Hay setas muy parecidas con el pie con escamas negras. Son especies comestibles de la misma calidad. Hay que estar alerta con una negrilla venenosa, que es mucho más grande y carnosa y solo aparece en alta montaña.

Pleurota en forma de concha

Pleurotus ostreatus

A PRIMERA VISTA:

Se trata de una seta muy bonita que crece en grupos numerosos sobre madera muerta. Llama la atención su forma de concha con un pie que no es central sino lateral.

FÍJATE BIEN:

SOMBRERO: De 4 a 20 cm. Tiene forma de oreja o de concha mirando hacia abajo. De color variable, casi siempre gris, pero puede tomar coloraciones amarillas, incluso azuladas.
LÁMINAS: Confluyen todas en la base del pie. Blancas.
PIE: De 1 a 2 cm, a veces más corto o inexistente. En posición lateral. Se une por la base con otras setas.
CARNE: Delgada y quebradiza. Blanca. Olor agradable.

DÓNDE SALE:

Sobre ramas, troncos y tocones de sauces y chopos muertos.

CUÁNDO SALE:

A fines de otoño, cuando la temperatura desciende bruscamente, y a principios de invierno si no se producen heladas.

COMESTIBILIDAD: Buen comestible pero de sabor dulzón, lo que lo hace inapropiado para según qué guisos.

OBSERVACIONES: Por su forma de vida se cultiva fácilmente sobre virutas de madera de chopo o en balas de paja y se encuentra todo el año en el mercado.

Mucosa negra

Hygrophorus latitabundus

A PRIMERA VISTA:

Carnoso y pie grueso recubiertos de un mucílago muy pegajoso, muy abundante en ambiente húmedo. Láminas debajo del sombrero.

FÍJATE BIEN:

SOMBRERO: De 5 a 12 cm. De forma redondeada cuando es joven, se aplana al crecer. De color de grisáceo a marrón, más oscuro en el centro y más claro hacia el margen. Revestido de un mucílago muy pegajoso.

LÁMINAS: Gruesas, espaciadas, decurrentes por el pie. De color blanco.

PIE: De 5 a 10 cm. Blanco en la parte superior y con colores del sombrero más abajo. Viscoso como el sombrero.

CARNE: Gruesa y firme. De color blanco. De olor agradable, ligeramente perfumada.

DÓNDE SALE:

Preferentemente en los pinares de la montaña media y en bosques mixtos.

CUÁNDO SALE:

En otoño y hacia el invierno.

COMESTIBILIDAD:

Excelente comestible para mejorar cualquier guiso. Se ha de procurar no eliminar el mucílago al lavarlas ya que contribuye a dar una buena consistencia al jugo.

OBSERVACIONES:

Hay muchas clases de mucosas. La mucosa negra es la mejor. La mucosa blanca, la amarilla y otras de parecidas tienen en común las láminas espaciadas más o menos decurrentes por el pie y la viscosidad característica.

Lengua de vaca

Hydnum repandum

A PRIMERA VISTA:

Lo que más llama la atención de esta seta es que debajo del sombrero lleva muchas agujitas finas y cuando se toma en la mano se nota que tiene la carne bastante blanda.

FÍJATE BIEN:

SOMBRERO: De 5 a 12 cm. De forma irregular y más o menos cerrado según si la seta es joven o vieja. De color crema, a veces de un anaranjado pálido. Si lo frotas con el dedo se oscurece.

AGULLETES: Debajo del sombrero lleva agujitas de unos 5 mm de longitud, que se rompen fácilmente si pasas el dedo por encima. Tienden a bajar un poco por el pie.

PIE: De 2 a 6 cm. A menudo no sale del centro del sombrero. Un poco irregular. Blanco.

CARNE: Gruesa, frágil, que si se aprieta entre los dedos se desmenuza y no hace hilos. De color blanco. Sin olor apreciable, algo amarga.

DÓNDE SALE:

Preferentemente en los robledales de montaña media y en bosques mixtos.

CUÁNDO SALE:

En otoño y a principios de invierno.

COMESTIBILIDAD: Buen comestible, algo amarga, pero adecuada para añadir a guisos donde pueda cocer un buen rato para que se ablande bien.

CONFUSIONES: Por las agujitas presentes debajo del sombrero es fácil de identificar. Hay otras setas con agujitas que tienen la carne dura y seca como el corcho. Pertenecen a otro grupo y no son comestibles.

Colmenilla

Morchella conica

A PRIMERA VISTA:
Sorprende la forma del sombrero formado por unas costillas que delimitan concavidades irregulares.

FÍJATE BIEN:
SOMBRERO: De 2 a 4 cm de ancho por 3 a 7 de largo. Forma redondeada o cónica con alvéolos de forma y tamaño diferentes que le dan el aspecto de una colmena de abejas. De color marrón oscuro. Hueco. Adherido al pie.
PIE: De la misma altura del sombrero. Hueco. Blanco.
CARNE: Delgada. Blanca. Olor suave ligeramente perfumada.

DÓNDE SALE:
En bosques removidos donde se han cortado y arrastrado troncos y en la primavera siguiente a un incendio de verano.

CUÁNDO SALE:
En primavera, de marzo a mayo.

COMESTIBILIDAD:

Excelente. Se seca con mucha facilidad y se guarda bien en botes cerrados. Hay que remojarlo antes de usarlo y recupera su tamaño original. Da un excelente sabor a cualquier guiso. El agua del remojo se guarda y se añade al guiso o se hace un consomé exquisito.

OBSERVACIONES:

Ya se ve que una seta de carne delgada con el sombrero y el pie huecos no puede pesar mucho. Solo su excelente aroma y su gusto refinado lo hacen tan buscado.

Oreja de gato

Helvella crispa

A PRIMERA VISTA:

No tiene la forma típica de una seta. Es curiosa la forma del sombrero, parecida a una silla de montar a caballo. Sombrero y pie forman una sola pieza.

FÍJATE BIEN:

SOMBRERO: De 2 a 6 cm de ancho. Formado por lóbulos irregulares que en conjunto recuerdan la forma de una silla de montar. Blanco o grisáceo.
PIE: De 3 a 6 cm. Hueco. Profundamente surcado de arriba abajo. Blanco o gris.
CARNE: Delgada, se desmenuza entre los dedos. Blanca.

DÓNDE SALE:

En los claros de bosques de encinas y árboles de hoja caduca y en lugares abiertos, bordes de caminos y cunetas de carreteras, entre la hierba.

CUÁNDO SALE:

De agosto a noviembre.

COMESTIBILIDAD:

Comestible no muy apreciado. Se puede añadir a guisados de carne hirviéndolo previamente y desechando el agua donde quedan disueltas algunas sustancias tóxicas que contiene. Se echa al guiso a media cocción.

OBSERVACIONES:

El procedimiento descrito para eliminar las sustancias nocivas no es válido para todas las setas. La *Amanita phalloides*, por ejemplo aunque se hierva repetidamente no pierde el peligroso veneno que contiene (pág. 82).

Rúsula blanca

Russula delica

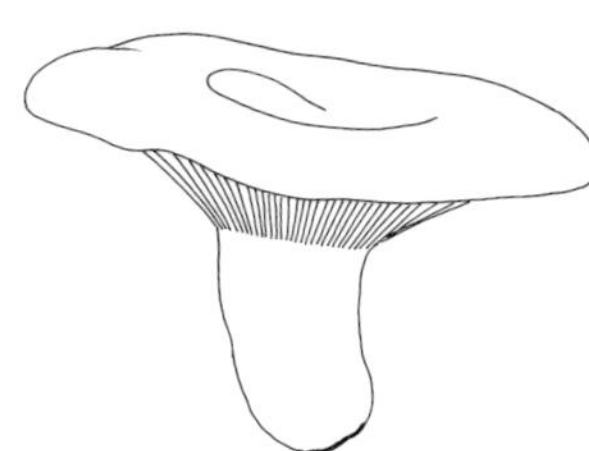

A PRIMERA VISTA:

Seta carnosa de carne firme, con fuerza suficiente para emerger del terreno llevándose sobre el sombrero tierra y restos vegetales. Forma típica con láminas.

FÍJATE BIEN:

SOMBRERO: De 5 a 20 cm en forma de cazuela o aplanado. Seco. Blanco con algunas manchas amarillentas.
LÁMINAS: Gruesas, espaciadas, blancas.
PIE: De 3 a 5 cm. Duro. Blanco con alguna mancha amarilla.
CARNE: Compacta, blanca, sabor dulzón (¡no pica!).

DÓNDE SALE:

En encinares, robledales y bosques mixtos.

CUÁNDO SALE:

Desde fines de verano y durante toda la temporada otoñal.

COMESTIBILIDAD:

Comestible apreciado por ciertas personas y despreciado por otras. Se puede poner en algunos guisos y hay quien las hace a la brasa, pero no son nada excepcional.

CONFUSIONES:

Es fácil confundir esta seta con algunos lactarios blancos muy picantes, como la pebraza (*Lactarius piperatus*) y el lactario aterciopelado (*L. vellereus*), que se diferencian con facilidad porque exudan abundante látex blanco de sabor picante. Cuando alguien se queja de haber cocinado rúsulas blancas muy picantes, seguro que se ha confundido y ha recogido lactarios.

Pie de gallo

Ramaria flava

A PRIMERA VISTA:

Lo más característico de esta seta es su forma de coral muy ramificada. Los pies de gallo son inconfundibles pero no son fáciles de diferenciar unos de otros.

FÍJATE BIEN:

CUERPO DE LA SETA: Tiene forma de coral o de coliflor de unos 8 a 10 cm de ancho. A partir de una base carnosa de color blanco se ramifica varias veces en ramas de color paja, cada vez más delgadas.

CARNE: Compacta y tierna. Blanca. Olor agradable.

DÓNDE SALE:

En cualquier tipo de bosque.

CUÁNDO SALE:

Desde fin de verano hasta fin de otoño.

COMESTIBILIDAD:

Más o menos apreciados, los pies de gallo se recogen donde hay tradición de hacerlo. Mejoran guisos de carne. Se han de consumir solamente ejemplares jóvenes.

OBSERVACIONES:

Son buenos los de tonalidades doradas y hay que evita la ramaria elegante (*Ramaria formosa*), que ocasiona trastornos intestinales (foto página 14). Se han de consumir en pequeña cantidad, ya que purgan.

Pie azul

Lepista nuda

A PRIMERA VISTA:

De forma tradicional con sombrero, pie y láminas. Lo primero que llama la atención de esta seta es su color violeta, poco habitual.

FÍJATE BIEN:

SOMBRERO: De 5 a 12 cm. Regular y cerrado en la seta joven y cuando envejece toma una forma irregular con el margen ondulado. De color variable, generalmente violeta pero a veces parduzco o lila, según el lugar en que crece y si el ambiente es seco o húmedo.

LÁMINAS: Anchas, finas y muy juntas. Casi siempre de color lila.

PIE: De 5 a 10 cm. Regular hasta llegar a la base, donde se ensancha y forma un bulbo. Del mismo color del sombrero o algo más claro.

CARNE: Bastante gruesa hacia el centro del sombrero y delgada en el margen. De color blanquecino o lila. Olor de fruta.

DÓNDE SALE:

Por todas partes. Pinares, encinares, dentro del bosque y en sus márgenes, bordes de caminos y en los parques y jardines. Generalmente, en grupos.

CUÁNDO SALE:

Durante casi todo el año si no hay heladas, pero con mayor abundancia en otoño.

COMESTIBILIDAD: De buen sabor pero de mal aspecto. En la sartén se ennegrece y no luce en un plato.

OBSERVACIONES: En el bulbo de la base del pie siempre se encuentran restos del micelio en forma de una masa algodonosa, donde quedan atrapados restos vegetales.

Níscalo

Lactarius deliciosus

A PRIMERA VISTA:

Parecido al níscalo de sangre vinosa pero sin su coloración rojiza, sino más bien anaranjada.

FÍJATE BIEN:

SOMBRERO: De 5 a 15 cm. Macizo y carnoso. Redondeado, aplanado o en forma de embudo según la edad de la seta. De color naranja vivo, a menudo con manchas más oscuras dispuestas en anillos concéntricos.

LÁMINAS: Finas y juntas. De color crema anaranjado. Tienden a ser algo decurrentes por el pie.

PIE: De 2 a 7 cm. Del mismo color del sombrero. A menudo con pequeñas cavidades superficiales de color más oscuro.

CARNE: De color blanquecino al cortarla, pero enseguida pasa a un color anaranjado. Fácil de desmenuzar entre los dedos y mancharlos de color naranja por el látex que mana en abundancia. Olor agradable, de fruta.

DÓNDE SALE:

En pinares y bosques mixtos del litoral a la alta montaña.

CUÁNDO SALE:

En otoño es muy abundante pero en alta montaña aparece ya en verano.

COMESTIBILIDAD: De calidad parecida al níscalo de sangre vinosa. Se venden mezclados como si fuera una sola clase de seta.

CONFUSIONES:

Se puede confundir con otras setas parecidas de látex de colores vivos, todas de buena calidad. A veces se encuentran setas secas y malformadas con las láminas endurecidas formando una costra blanquecina. El hecho es que están parasitadas por un hongo microscópico que produce estas alteraciones. Estos ejemplares están considerados de una mejor calidad gastronómica.

Boleto anillado

Suillus luteus

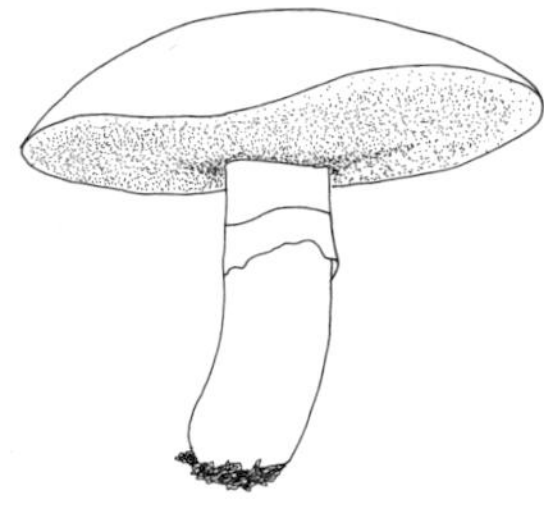

A PRIMERA VISTA:

Es curioso que una seta con tubos debajo del sombrero presente un anillo en el pie. Por ello es fácil de identificar.

FÍJATE BIEN:

SOMBRERO: De 4 a 10 cm. Carnoso. De forma redondeada al principio y aplanado al final. De color tostado y superficie pegajosa en tiempo húmedo.

TUBOS: De 1 cm de longitud. De color amarillo limón, verdosos en los ejemplares viejos. Fácilmente separables de la carne del sombrero.

PIE: De 4 a 7 cm. Amarillo con manchas pardas, más oscuro en la base. Con un anillo blanco cuando cae del margen del sombrero; enseguida adquiere un color violeta.

CARNE: Gruesa y firme. De color amarillo. Olor agradable.

DÓNDE SALE:

En los pinares, preferentemente en los de pino albar.

CUÁNDO SALE:

En otoño hasta final de temporada, cuando aparecen los primeros fríos intensos.

COMESTIBILIDAD:

Comestible, quizás el boleto de tubos amarillos de mejor calidad. Conviene eliminar la cutícula del sombrero, algo pegajosa, y la esponja de tubos de la parte inferior. Se aprovecha solo la carne.

OBSERVACIONES:

En general los boletos de tubos amarillos no son apreciados en la cocina pero esta seta, fácil de distinguir entre otras parecidas por su anillo, es la más aprovechable.

Rúsula dorada

Russula aurata

A PRIMERA VISTA:

Por su vistoso color anaranjado, el sombrero ancho y sus láminas amarillentas, ¡cuántas veces nos pensamos que hemos dado con una oronja y el corazón nos ha dado un salto!

FÍJATE BIEN:

SOMBRERO: De 4 a 10 cm. Aplanado o deprimido en las setas desarrolladas. Color muy variable, de ladrillo, de color cobre, anaranjado con manchas amarillas o amarillo del todo.
LÁMINAS: Espaciadas. De color crema con la arista de amarillo limón.
PIE: De 3 a 9 cm. Blanco manchado de amarillo.
CARNE: Firme. Blanca o amarillenta.

DÓNDE SALE:

En los encinares, robledales y bosques mixtos.

CUÁNDO SALE:

Suele hacer una aparición primaveral y es muy abundante en otoño.

COMESTIBILIDAD:

Buen comestible. Si tienes claro cómo son las rúsulas (carne que se desmenuza entre los dedos, sin látex, muchas de colores vistosos y láminas pálidas), puedes diferenciar las aprovechables (olor agradable, carne que no pica, gusto dulzón) de aquellas que has de rechazar (huelen mal, carne picante.

CONFUSIONES:

A pesar de que a primera vista se parece a una oronja presenta notables diferencias: no tiene volva ni anillo, las láminas son de color crema, no amarillas, y el pie es blanco. Además su carne se desmenuza entre los dedos, mientras que la oronja tiene la carne fibrosa que si se intenta partir se deshace en hilos pero no se rompe como un trozo de chocolate.

Oronja

Amanita caesarea

A PRIMERA VISTA:

De gran belleza, con su color anaranjado (sombrero y pie), adornado por un anillo colgante. Tiene el típico aspecto de una amanita.

FÍJATE BIEN:

SOMBRERO: De 8 a 15 cm. Carnoso. Esférico en la seta joven, después aplanado. De un bello color naranja.
LÁMINAS: Anchas, De color amarillo dorado.
PIE: De 8 a 15 cm. Liso por encima del anillo y estriado por debajo. De color amarillo vivo o anaranjado. Anillo amarillo, membranoso, persistente. Base rodeada de una funda blanca, la volva, que sube por el pie.
CARNE: Consistente. Blanca o amarillenta. Olor agradable y gusto de avellana.

DÓNDE SALE:

En bosques claros, cálidos, bajo alcornoques, robles y castaños, en lugares abiertos y soleados y en los caminos. No soporta el frío.

CUÁNDO SALE:

De agosto a octubre. Desaparece con los primeros fríos.

COMESTIBILIDAD:

Considerada la mejor seta del país. Mejor no cocinarlo ni condimentarlo demasiado, y es excelente crudo en ensaladas. Su nombre científico hace referencia al consumo que de él hacían los emperadores romanos.

OBSERVACIONES:

En estado juvenil, cuando aparece, tiene el aspecto de un huevo enfundado en un velo blanco y recibe el nombre de yema de huevo: es exquisito. La posibilidad de confundirlo con la matamoscas es muy remoto ya que presentan muchas diferencias (ver pág. 87).

Rebozuelo

Cantharellus cibarius

A PRIMERA VISTA:

Seta de talla mediana de color amarillo dorado, de una sola pieza ya que el pie es una prolongación del sombrero, sin que se pueda definir dónde empieza uno y acaba el otro. Da la impresión que tiene láminas pero en realidad no son más que pliegues y arrugas de la misma carne.

FÍJATE BIEN:

SOMBRERO: De 3 12 cm. En forma de embudo irregular o aplanado con el margen sinuoso. Color amarillo más o menos intenso.

PLIEGUES: Debajo del sombrero la carne está arrugada formando surcos más o menos profundos. No son láminas. Las verdaderas láminas son todas más o menos iguales y de una consistencia distinta de la carne del sombrero.

PIE: De unos 2 a 8 cm, difícil de medir porque no está bien definido. Del mismo color de toda la seta.

CARNE: Firme. Blanca o amarillenta. Olor suave de fruta.

DÓNDE SALE:

En cualquier tipo de bosque: sin acusadas preferencias.

CUÁNDO SALE:

De forma abundante, en otoño, pero en lugares con mucha humedad puede aparecer en primavera y verano.

COMESTIBILIDAD:

Comestible muy apreciado para acompañar guisos de toda clase. Se puede llegar a secarlo y conservarlo en botes bien cerrados.

OBSERVACIONES:

Casi nunca se encuentra invadido de larvas. Hay que saber distinguirlo de la seta de olivo (pág. 84), tóxica, que es de mayor tamaño y de un color anaranjado.

Níscalo de sangre vinosa

Lactarius sanguifluus

A PRIMERA VISTA:

A veces su sombrero rojizo con bandas concéntricas más oscuras levanta tímidamente la superficie del suelo entre la hojarasca.

FÍJATE BIEN:

SOMBRERO: De 4 a 15 cm. Carnoso. Plano o en forma de embudo. Forma una unidad con el pie del que no se puede separar sin cortarlo. Color muy variable, de ocre claro a rojo vinoso, a veces manchado de verde. A menudo con manchas más oscuras dispuestas en círculos concéntricos.
LÁMINAS: Finas, muy juntas, del mismo color del sombrero o algo más claras. Si se dañan con la uña, al romperse fluye una gran cantidad de látex rojizo.
PIE: De unos 3 a 6 cm. Con tendencia a adelgazarse hacia la base. Del mismo color del sombrero.
CARNE: Firme. Se puede romper sin deshilacharse y tiñe los dedos del látex rojo que fluye.

DÓNDE SALE:

En los pinares cálidos de tierra baja y montaña mediana pero no llega a la alta montaña y rehúye el frío.

CUÁNDO SALE:

Durante todo el otoño y al final del verano si ha llovido.

COMESTIBILIDAD: Muy apreciado para preparar a la brasa (pág. 37).

CONFUSIONES: Se puede confundir con otras setas parecidas de látex anaranjado o morado, todos buenos comestibles. Se han de desechar los de látex blanco.

Trompeta de los muertos

Craterellus cornucopioides

A PRIMERA VISTA:

Su color negro (es prácticamente la única seta de este color) lo resalta del terreno y lo hace inconfundible. Su forma embudada es parecida a la de otras trompetas y rebozuelos.

FÍJATE BIEN:

SOMBRERO: De 2 a 8 cm. En forma de papelina con el margen ondulado, a veces partido. De color ceniza o casi negro.
PLIEGUES: Debajo del sombrero la carne se arruga ligeramente y forma pliegues muy finos, a veces casi imperceptibles. Sorprendentemente, las esporas son blancas y cuando maduran se desprenden y cubren los pliegues.
PIE: De 2 a 5 cm. Difícil de definir ya que es una continuación del sombrero.
CARNE: Muy delgada. Un poco dura pero elástica. De color gris o negro. Olor aromático.

DÓNDE SALE:

En encinares, robledales y bosques mixtos en grupos, entre los musgos y la hojarasca.

CUÁNDO SALE:

En verano si ha llovido mucho y en otoño.

COMESTIBILIDAD:

Buen comestible apropiado para añadir a los guisos donde pueda cocerse largo rato y reblandecer su carne un poco suberosa. Se seca con facilidad y se puede guardar en conserva en botes bien cerrados.

OBSERVACIONES:

Su aspecto y su nombre no invitan a recogerlo pero es una seta muy aprovechable.

Las setas que es imprescindible conocer

Bajo este título pongo las setas venenosas. Las setas que provocan intoxicaciones graves o incluso la muerte son muy pocas y no es difícil reconocerlas. Por lo menos las que salen en abundancia, ya que hay otras que por su rareza no suelen ocasionar accidentes.

Las setas venenosas actúan de forma diversa. Las hay que son muy indigestas, otras purgan y ocasionan fuertes diarreas, con peligro de deshidratación. Pero estos episodios ceden a medida que los venenos se eliminan, con los vómitos o por vía intestinal.

Las setas realmente peligrosas son aquellas que sus venenos actúan sobre ciertos órganos y provocan su destrucción. La más corriente y la que ocasiona envenenamientos más graves es la cicuta verde (*Amanita phalloides*), responsable de episodios que pueden ser mortales o que dejan a la persona afectada mermada de las funciones del hígado y los riñones, los principales órganos afectados, de por vida.

Hay una seta, la matamoscas (*Amanita muscaria*), que provoca trastornos intestinales transitorios, pero que contiene otros venenos que actúan sobre el sistema nervioso y provocan alucinaciones y otros trastornos mentales. Su consumo intencionado para provocar este estado de euforia es bien conocido y comentado. De hecho, es una droga y por lo tanto es necesario decirte que no se te ocurra nunca probarlo.

Hifoloma de color ladrillo

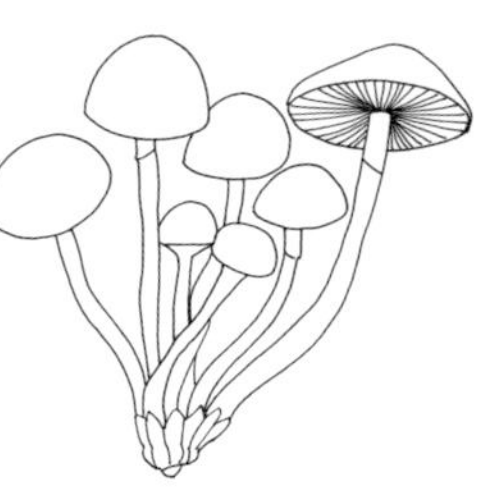

Hypholoma sublateritium

A PRIMERA VISTA:

Sorprende su forma de vida creciendo en grupos muy numerosos sobre tocones y troncos de árboles muertos y restos de ramas cortadas, con sus sombreros amarillos, anaranjados hacia el centro, todos iguales.

FÍJATE BIEN:

SOMBRERO: De 4 a 10 cm. Redondeado, con la parte central prominente. No se aplana hasta que los ejemplares envejecen. Color amarillo azufre con el margen algo más claro y el centro rojizo.

LÁMINAS: Anchas, delgadas y muy juntas. De color amarillo que con el tiempo oscurecen y toman tonos verdosos.

PIE: De 4 a 12 cm. Torcido hacia la base por su forma de crecer junto a otros ejemplares. Blanquecino en la parte superior y progresivamente enrojecido hacia la base.

CARNE: Delgada. Amarilla. Muy amarga.

DÓNDE SALE:

Sobre madera y restos vegetales.

CUÁNDO SALE:

En lugares húmedos y templados se puede encontrar durante todo el año, pero es en otoño cuando es muy abundante.

TOXICIDAD:

Provoca indigestiones y dolores intestinales que ceden cuando la seta se elimina, a veces con fuertes diarreas.

CONFUSIONES:

Por su forma de vida no es fácil confundirlo con especies comestibles. Se puede confundir con otros hifolomas parecidos, todos amargos y desechables.

Clitocibe blanco

Clitocybe dealbata

A PRIMERA VISTA:

Todos los clitocibes blancos de tamaño reducido se parecen mucho y todos son venenosos. Generalmente aparecen en grupos numerosos y tienen en común un sombrero deprimido, las láminas delgadas más o menos decurrentes por el pie y su color blanco, general en toda la seta.

FÍJATE BIEN:

SOMBRERO: De 2 a 5 cm. Aplanado. Pronto se deprime por el centro y toma forma de copa. Blanco.
LÁMINAS: Delgadas y juntas. Suelen ser algo decurrentes por el pie. Blancas. Amarillean en los ejemplares viejos.
PIE: De 1,5 a 4 cm. Delgado, aguzado hacia la base. Blanco, de color rosado en los ejemplares viejos.
CARNE: Delgada, aguada. Blanca. Olor de harina.

DÓNDE SALE:

En los prados y en bosques claros, entre la hierba.

CUÁNDO SALE:

En otoño.

TOXICIDAD: Todos los clitocibes blancos son venenosos, incluso mortales. Por suerte son setas poco atractivas que casi nadie recoge.

CONFUSIONES: Hay diversas especies de estas setas que difieren muy poco entre ellas. Se han de desechar todas. Quizás la única seta comestible con un cierto parecido es la anisada (pág. 52), que se diferencia claramente por su pronunciado olor de anís.

Cicuta verde

Amanita phalloides

A PRIMERA VISTA:

Atrae por su bella estampa, de forma típica, con volva y anillo, de un color verde poco común entre las setas.

FÍJATE BIEN:

SOMBRERO: De 5 a 12 cm. Esférico y protegido por un velo blanco cuando inicia su aparición. A medida que el pie crece se va abriendo y aplanando. Por debajo está protegido por otro velo que cubre las láminas, que a medida que se va abriendo se desgarra del margen y se desprende sobre el pie, donde resta colgando y formando el anillo. Color verde, a veces muy oscuro pero otras no tanto, sin mechones blancos, con reflejos metálicos.

LÁMINAS: Finas y juntas. Blancas o verdosas.

TOXICIDAD:

Venenoso mortal. Es la seta más peligrosa del país. Un solo ejemplar puede matar a una persona. Los síntomas (dolor de vientre, vómitos, diarrea, sed, temperatura corporal baja, sudoración, ansiedad...) no aparecen hasta pasadas 8 o 10 horas o más después de la ingestión. Se ha de conducir al enfermo sin pérdida de tiempo al servicio de urgencias de un centro sanitario. Es conveniente llevar alguna seta o restos de la preparación o si se ha hecho alguna fotografía. La rapidez es la clave del éxito ya que las sustancias tóxicas destruyen el hígado y los riñones de forma irreversible. Provocar el vómito no sirve de nada ya que cuando se presentan los síntomas el veneno ya está en la sangre.

PIE: De 8 a 15 cm. Adelgazado hacia lo alto, con un anillo blanco y una volva también blanca que envuelve la base, persistente incluso en los ejemplares más viejos. Blanco, a veces con tonalidades verdosas.
CARNE: Compacta. Blanca. Sin olor en los ejemplares jóvenes, pero desagradable en los viejos.

DÓNDE SALE:

En toda clase de bosques pero raro en los pinares, solitaria o en grupos.

CUÁNDO SALE:

Al final del verano y durante el otoño. Raramente también aparece en primavera.

CONFUSIONES:

Es una seta fácil de reconocer y no deberían producirse confusiones. Tiene un cierto parecido con los champiñones de campo, que también tienen anillo, pero no volva, y sus láminas se vuelven pronto rosadas y pardas, mientras que las amanitas las conservan siempre blancas. Por desgracia, la mayoría de las intoxicaciones no se deben a una confusión sino a la irresponsabilidad de aquellas persones que se comen cualquier seta sin saber cuál es.

Seta de olivo

Omphalotus olearius

A PRIMERA VISTA:

Son muy bonitas cuando aparecen en grupo sobre madera de olivo y otros planifolios, formando un vistoso abanico de color naranja vivo.

FÍJATE BIEN:

SOMBRERO: DDe 6 a 12 cm. En forma de embudo. De un bello color anaranjado vivo, más oscuro en los ejemplares viejos, De carne gruesa en el centro y muy delgada hacia el margen.

LÁMINAS: Muy numerosas, finas y muy juntas. Decurrentes por el pie. Del mismo color del sombrero. Presentan la curiosidad de ser bioluminiscentes, ya que emiten una luz verdosa, muy pálida, visible en una habitación a oscuras. En algunas setas se hace más evidente que en otras.

PIE: De 5 a 12 cm. No sale del centro del sombrero sino ladeado. Se adelgaza hacia la base, donde se une con otras setas vecinas y por este motivo está torcido. Del mismo color de toda la seta o algo mas pálido.

CARNE: Amarillenta. Olor rancio.

DÓNDE SALE:

Sobre madera de olivo, encinas, robles y castaños.

CUÁNDO SALE:

Desde fines de verano y durante el otoño.

TOXICIDAD: Provoca graves trastornos digestivos y fuertes diarreas.

CONFUSIONES:

Hay quien asegura que se confunden con los rebozuelos, que no tienen láminas sino la carne con pliegues debajo del sombrero, son amarillos y no anaranjados y no viven sobre madera.

Boleto de Satanás

Boletus satanas

A PRIMERA VISTA:

Seta sorprendente por su tamaño y aspecto. Abollado y de tonalidades rojizas y sombrero blanco sucio. Tubos debajo del sombrero. Su aspecto no permite esperar nada bueno.

FÍJATE BIEN:

SOMBRERO: De 10 a 30 cm. De forma redondeada, nunca llega a aplanarse. Muy carnoso. Abollado. De color blanco sucio.
TUBOS: De 2 a 3 cm de longitud, amarillos con el poro rojo vivo que hace que la esponja que forman se vea uniformemente roja.
PIE: De 10 a 12 cm. Obeso. Amarillento en la parte superior, con un reticulado rojo desde el centro hacia la base.
CARNE: Blanda, mucho más en los ejemplares viejos. Amarillenta. Al corte con un cuchillo azulea, poco y lentamente. Olor muy desagradable.

DÓNDE SALE:

En los márgenes de los robledales secos y otros tipos de bosque. No es muy frecuente.

CUÁNDO SALE:

En verano y a principios de otoño.

TOXICIDAD:

Muy indigesto, provoca vómitos y malestar. Su nombre dramático y exagerado hace suponer cosas peores. No es peligroso porque no es abundante y cuando se encuentra alguno, su aspecto y su mala olor no invitan a recogerlo.

CONFUSIONES:

Es casi el único boleto tóxico. Hay otras setas de poros rojos cuya carne azulea fuertemente al cortarla y que, a pesar de su mala fama, son comestibles más o menos aprovechables.

Amanita pantera

Amanita pantherina

A PRIMERA VISTA:

Se reconoce fácilmente como una amanita, con su sombrero redondo de color chocolate cubierto de escamas blancas.

FÍJATE BIEN:

SOMBRERO: De 5 a 12 cm. Redondeado pero enseguida aplanado. Margen estriado. Color de avellana claro a marrón oscuro, con escamas blancas que nunca pierden su blancura y persisten hasta en los ejemplares viejos.

LÁMINAS: Anchas, finas y juntas. De color blanco de leche.

PIE: De 6 a 10 cm. Delgado en la parte superior, se va ensanchando gradualmente hacia la base, donde forma un bulbo redondeado encima del cual la volva se limita a una serie de restos deshilachados, blancos, dispuestos en uno o dos anillos alrededor del pie, como la rosca de un tornillo. Anillo poco consistente que a menudo se rasga y se pierde.

CARNE: Compacta. Blanca. Sin olor apreciable.

DÓNDE SALE:

En todo tipo de bosques y en comunidades arbustivas.

CUÁNDO SALE:

Aparece ya a fines de verano y se encuentra hasta el final del otoño.

TOXICIDAD: Ocasiona trastornos digestivos muy acusados.

OBSERVACIONES: Los síntomas de intoxicación son muy parecidos a los que provoca la matamoscas (pág. 87), pero no produce alucinaciones ni otros trastornos mentales.

Matamoscas

Amanita muscaria

A PRIMERA VISTA:

Lo más llamativo de esta seta es su sombrero de forma típica de un color rojo vivo con numerosas escamas blancas, imagen popularizada en las portadas de muchos libros y en cuentos infantiles.

FÍJATE BIEN:

SOMBRERO: De 6 a 20 cm. Esférico y cerrado cuando la seta aparece, protegido por un velo blanco que se fragmenta, cuando se extiende y se aplana, en escamas blancas que destacan sobre el fondo rojo de la superficie del sombrero.
LÁMINAS: Anchas, finas y muy juntas. Blancas.
PIE: De 6 a 20 cm. Fibroso, quebradizo, con un anillo blanco en la parte alta. Blanco. La volva se deshace en jirones que se disponen en anillos alrededor de la parte inferior del pie.
CARNE: Blanca. Sin olor apreciable.

DÓNDE SALE:

En los hayedos, en robledales húmedos y alrededor de abedules.

CUÁNDO SALE:

Durante todo el otoño.

TOXICIDAD: Provoca trastornos digestivos a las pocas horas de haberlo ingerido y ocasiona alucinaciones. Por esta razón se han escrito muchas historias relacionadas con esta seta y su consumo como droga.

CONFUSIONES: Muy característica y fácil de reconocer. Con lluvias persistentes puede perder su rojo característico y las escamas. Así, tiene un cierto parecido con la oronja (pág. 74), pero siempre se distingue por sus láminas y pie blancos y no de color amarillo intenso.

Las setas que es interesante conocer

Este capítulo incluye setas que, sin ser ni comestibles ni venenosas, conviene que un buscador conozca, ya que por su singularidad son motivo de comentario y ayudan a entender cómo se comportan las setas en general.

Los **hongos yesqueros**, llamados también **setas de la madera**, son los más grandes de todos los que tenemos en el país. Salen sobre madera de árboles vivos o muertos, según la clase de que se trate, y suelen tener la forma de un estante pegado al árbol. El micelio discurre por el interior de la madera del árbol y absorbe el alimento. Algunos viven muchos años y cada temporada suman una parte nueva (pág. 90).

Las **pipas** (pág. 96) llaman la atención por su consistencia suberosa y su forma tan original con el pie lateral y retorcidas, bien distinta de la de las setas más corrientes. Tienen un cierto valor decorativo.

En cuanto a las **pezizas**, hay de varios tipos pero todas son hermosas y delicadas. La originalidad de estas setas, además de su forma poco corriente, reside en el mecanismo con el que dispersan las esporas (pág. 91).

Hay algunas setas que se caracterizan por la intensa y desagradable olor que desprenden. Tal es el caso del **clatro rojo** (pág. 93) o del **falo hediondo** (pág. 95), que aprovechan esta característica para lograr una eficaz dispersión de las esporas.

Sofisticados mecanismos relacionados con la liberación de las esporas se dan en setas como las **estrellas de tierra** (pág. 92), que engloban diversas especies, y los **ciatos** o nidos (pág. 94), todos ellos fáciles de reconocer por sus formas tan diferentes de las de las setas tradicionales.

Y por fin, no olvides los **cuescos de lobo** (pág. 97), a veces llamados setas de humo porque cuando son maduros solo con tocarlos liberan de golpe miles de esporas que forman una especie de nube.

Hongo yesquero

Fomes fomentarius

A PRIMERA VISTA:

Esta seta, como todas las llamadas setas de la madera, llama la atención por su tamaño, generalmente grande, por su forma que recuerda la pezuña de un caballo y por aparecer sobre troncos y ramas de árboles vivos o muertos.

FÍJATE BIEN:

SOMBRERO: De 10 a 30 cm. Tiene forma de consola invertida o de pezuña de caballo. Revestido de una corteza dura. Color gris o negro, a veces algo más claro.

POROS: Debajo del sombrero hay diversas capas de tubos dispuestos de forma cada capa es de un año distinto: los más próximos al borde son los más recientes. Los tubos son de color herrumbre y se abren en poros amarillos o blancos.

PIE: Prácticamente inexistente. El sombrero está pegado directamente al tronco.

CARNE: Solo presente en la parte basal cerca de la unión de la seta con el árbol. De consistencia suberosa, blanda la recién formada pero poco a poco se endurece hasta adquirir la dureza de la madera. Color de herrumbre.

DÓNDE SALE:

Sobre árboles planifolios enfermos o debilitados. Cuando el árbol muere la seta puede continuar viviendo a expensas de la madera en descomposición.

CUÁNDO SALE:

Puesto que es persistente y vive varios años se puede encontrar en cualquier momento.

COMESTIBILIDAD: Desechable por la dureza de su carne.

OBSERVACIONES: Esta seta se usaba como yesca para encender y mantener el fuego. La carne cortada a tiras se impregnaba de salitre y con una chispa obtenida por golpeo de un pedernal con una piedra prendía fuego enseguida.

Peziza confusa

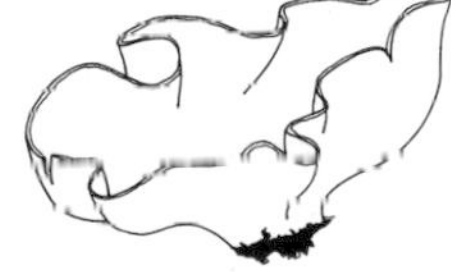

Peziza badioconfusa

A PRIMERA VISTA:

No tiene el clásico aspecto de una seta sino que se limita a una especie de copa, más o menos irregular, de pequeño tamaño. Generalmente aparece en grupos.

FÍJATE BIEN:

CUERPO DE LA SETA: De 3 a 7 cm. Constituida por una copa de carne delgada grisácea, con la parte interna lisa, de color pardo rojizo. Cara externa del mismo color o algo más claro. Margen irregular, a veces con surcos verticales profundos.

DÓNDE SALE:

En los claros y en los márgenes de toda clase de bosques de montaña de poca altitud y en los bordes de los caminos, sobre suelos arenosos.

CUÁNDO SALE:

Después de lluvias persistentes en verano y en otoño. Ocasionalmente aparece en primavera.

COMESTIBILIDAD: Comestible de poco valor y poco apreciado.

OBSERVACIONES: Sus esporas maduran dentro de unas bolsitas microscópicas que tienen la forma de un dedo de guante (las ascas), situadas muy juntas y de forma vertical recubriendo su superficie interior. Cuando las esporas maduran, las ascas se abren violentamente y las proyectan al exterior. Así se forma una especie de nubecita bien visible en cada explosión. Cuando sale el sol, la seta se calienta, lo que provoca pequeñas contracciones que provocan la explosión de las ascas. También la puedes provocar con el calor de tus manos tomando la seta con cuidado y esperando la explosión.

Estrella de tierra

Astraeus hygrometricus

A PRIMERA VISTA:

Su sorprendente forma de estrella es inexplicable a primera vista si no se conocen los mecanismos de dispersión de las esporas que se comentan al final.

FÍJATE BIEN:

CUERPO DE LA SETA: Constituida por una especie de huevo cerrado de 3 a 8 cm cuando aparece, al principio medio enterrada, que pronto emerge y se abre formando hasta 8 brazos y toma la forma de una estrella de color gris de unos 2 o 3 cm de altura. En su parte central destaca una bolsa parecida a un pequeño cuesco de lobo, donde maduran las esporas.

DÓNDE SALE:

En bosques secos de todo tipo.

CUÁNDO SALE:

En verano y en otoño. Una vez se han liberado las esporas la bolsa central se seca y desaparece pero el resto de la seta de forma estrellada se puede encontrar todo el año.

COMESTIBILIDAD: Sin valor culinario.

CONFUSIONES:

Hay diversas especies parecidas pero todas funcionan de la misma forma. La bolsa de la parte central contiene las esporas que maduran en su interior. En tiempo seco los brazos de la estrella se doblan encima y la protegen. Cuando llueve o aumenta la humedad ambiental los brazos se hinchan, se abren y se retuercen levantando la bolsa, momento en el cual se abre un poro central por el cual salen las esporas en inmejorables condiciones para germinar.

Clatro rojo

Clathrus ruber

A PRIMERA VISTA:

Extraña y curiosa seta que llama la atención por su forma de enrejado y su llamativo color rojo. Cuando se abre del todo desprende un desagradable olor excrementicio.

FÍJATE BIEN:

CUERPO DE LA SETA: Al principio, de 1,5 a 3,5 cm, en forma de huevo blanco, blando, que en pocas horas se abre por la mitad superior y emerge la parte interna, que se abre en forma de una reja de brazos desiguales, de color rojo vivo, que alcanza una altura de 10 cm o más. La parte interna está recubierta por la gleba, una pasta pegajosa, hedionda y verdosa que lleva inmersas las esporas. En la base persiste la otra mitad de la cubierta que revestía la seta joven.

DÓNDE SALE:

En los claros de los bosques, en los bordes de los caminos, debajo de los bancos de los parques y en jardines bien regados.

CUÁNDO SALE:

En otoño.

COMESTIBILIDAD: Sin valor culinario.

OBSERVACIONES:

Con una estrategia parecida a la del falo hediondo (pág. 95), esta seta atrae las moscas con su penetrante olor a excrementos. Las moscas que encuentran alimento en los excrementos pretenden hacerlo al visitar esta seta. Con su vuelo inquieto, entrando y saliendo entre los brazos del enrejado se van llevando la pegajosa gleba de su interior que contiene las esporas, que de esta forma se dispersan.

Ciato estriado

Cyathus striatus

A PRIMERA VISTA:

Se ha de ser un buen observador para saber descubrir estas setas pequeñitas creciendo sobre una ramita caída, con su aspecto tan peculiar de un nido de pájaro con los huevos en su interior.

FÍJATE BIEN:

CUERPO DE LA SETA: De solo 1 cm de ancho, en forma de trompeta de 1,5 cm de altura. La parte externa es de color pardo, peluda, y la interna, de color gris, más clara, estriada, con surcos que recorren toda la pared pero no la base, que es lisa. De joven, la copa está cerrada por una membrana blanca que cuando se rompe deja al descubierto unas bolsitas en forma de huevo, que son como pequeñísimos cuescos de lobo con las esporas que maduran en su interior.

DÓNDE SALE:

Solamente sobre madera en descomposición, a veces en montones de serrín, sacos de arpillera, incluso sobre papel de periódico abandonado en el bosque.

CUÁNDO SALE:

Durante todo el otoño.

COMESTIBILIDAD: Sin valor culinario.

OBSERVACIONES: Cuando una gota de lluvia cae sobre un nido, hace saltar uno o varios huevos de su interior que pueden ir a parar bastante lejos. Cada uno de ellos lleva un hilo muy largo y muy fino que se desenrolla por el camino y fácilmente se enrosca sobre una rama próxima, donde resta colgando y movido por el viento al mismo que tiempo que se abre y libera las esporas al aire. He aquí una curiosa y elegante forma en que esta seta cumple su misión. Hay dos o tres especies parecidas que funcionan de la misma forma.

Falo hediondo

Phallus impudicus

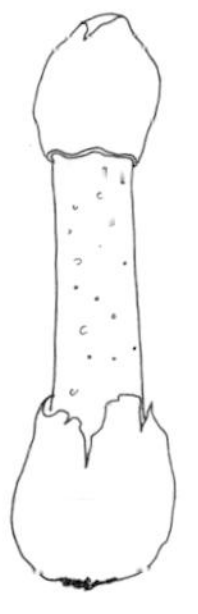

A PRIMERA VISTA:

Seta sorprendente por su forma fálica. Las esporas maduran en el interior de una masa pegajosa que aparece en la parte superior de la seta desarrollada, que hace un olor insoportable que se nota desde lejos.

FÍJATE BIEN:

CUERPO DE LA SETA: Se desarrolla a partir de una especie de huevo blanco que emerge del terreno, que en pocas horas se abre y surge un pie que se alarga llevándose sobre su cabeza una masa pegajosa y hedionda que contiene las esporas (la gleba).

DÓNDE SALE:

Con preferencia en los hayedos y en otros bosques de planifolios y en bosques mixtos.

CUÁNDO SALE:

Si llueve copiosamente sale ya en verano y se mantiene durante todo el otoño.

COMESTIBILIDAD: Sin valor culinario.

OBSERVACIONES: Es una de las pocas setas que se fían de los insectos y no del viento para dispersar sus esporas. Con una estrategia similar a la de una atractiva y perfumada flor que atrae los insectos, esta seta atrae las moscas con su pestilencia. La flor, generosa, ofrece jugos azucarados y polen a los insectos que las visitan. A cambio, el insecto se lleva el polen a otras flores. La seta engaña al insecto, que no obtiene nada a cambio de su visita, pero se ensucia de gleba pegajosa, que al volar va soltando poco a poco, dispersando de esta forma las esporas.

Pipa

Ganoderma lucidum

A PRIMERA VISTA:

Sale aparentemente del terreno, pero siempre sobre restos vegetales enterrados, con su característico sombrero en forma de pipa, de color violeta.

FÍJATE BIEN:

SOMBRERO: De 3 a 15 cm. Aplanado. A veces en forma de riñón. Con surcos concéntricos más o menos profundos. Amarillento hacia el margen y rojo violeta en el resto. Muy duro. Brillante, parece cubierto de una capa de barniz.

POROS: Muy numerosos y pequeños repartidos en toda la superficie inferior del sombrero, de color blanco, pero que toma una coloración parda si la frotas con los dedos.

PIE: De medida muy variable, alargado, a veces corto o inexistente. Delgado y retorcido. Duro y del mismo color del sombrero. No sale del centro del sombrero sino ladeado

CARNE: Esponjosa si la seta es muy joven, pero se endurece y acaba de la consistencia del corcho. De color amarillento.

DÓNDE SALE:

Siempre sobre madera, aunque a veces parece surgir del suelo, pero al arrancarlo verás que crece sobre una raíz muerta o una rama enterrada. En encinares, pero también en otros tipos de bosque.

CUÁNDO SALE:

En otoño.

COMESTIBILIDAD: Desechable por su carne seca y dura.

OBSERVACIONES: Por su forma original y porqué se conserva bien, hay quien lo aprovecha por su valor ornamental. Si lo quieres guardar ponlo en el congelador un par de días. Así se destruyen los huevos puestos por algún insecto y no saldrán las larvas que carcomen las setas.

Cuesco de lobo

Lycoperdon perlatum

A PRIMERA VISTA:

Su forma de bombilla, blanca si es joven, y parda y desgarrada en los ejemplares viejos, permite distinguirlo enseguida.

FÍJATE BIEN:

CUERPO DE LA SETA: De 3 a 5 cm de ancho por unos 3 a 8 cm de altura, en forma de bombilla o de peonza. Firme, blanco con verrugas blancas cuando es joven y pardo y de consistencia papirácea cuando es viejo. En este momento se abre un poro en la parte superior por donde se liberan las esporas que maduran en su interior. Las esporas salen por millares en forma de pequeñas nubes cuando encima de la seta cae una gota de agua de la lluvia o una ramita o bien la pisa algún animal.

PIE: De la mitad de la altura de la seta entera, ensanchado hacia la parte superior. Liso. Del mismo color que el resto.

CARNE: Consistente y blanca al principio. Se convierte al final en una masa pulverulenta de esporas.

DÓNDE SALE:

En bosques, prados, jardines y parterres de las calles.

CUÁNDO SALE:

Se puede encontrar durante todo el año en bosques húmedos, pero es muy abundante en otoño.

COMESTIBILIDAD: Comestible de muy poca calidad. Se puede rebozar cortado a rebanadas cuando la seta es joven y blanca. Es más bien una originalidad que un buen acompañante.

OBSERVACIONES: Llama la atención, sobre todo a los niños, que hacen salir las esporas de las setas maduras dándoles golpecitos con un dedo. Evita respirar el aire cargado de esporas.

Vocabulario

Los **micólogos**, en nuestros trabajos y en los textos que escribimos, utilizamos palabras que no son de uso corriente. Esta **terminología micológica**, que encontramos tan natural, no lo es tanto para ti.

Aquí he puesto la **definición** de algunas de estas palabras que si no conoces su significado exacto te puede dificultar la comprensión de la lectura.

Consulta este vocabulario cuando tengas alguna duda.

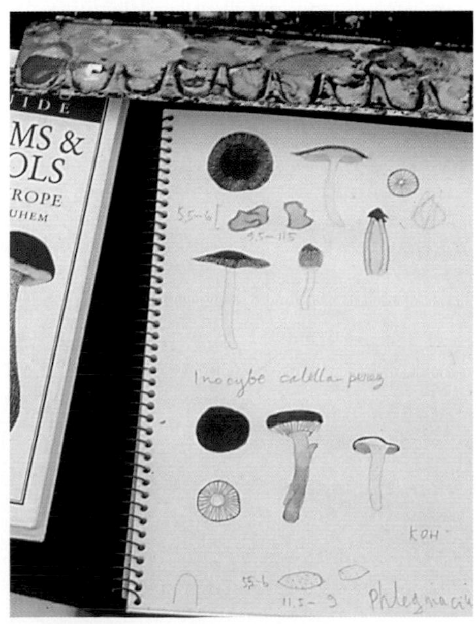

AGUJITA:
Elemento en forma de una pequeña aguja que recubre la parte inferior del sombrero de algunas setas, como la lengua de vaca. En la superficie de las agujitas maduran las esporas.

ANILLO:
Resto del velo de algunas setas que queda colgando del pie cuando se extiende el sombrero.

BULBO:
Engrosamiento de la parte basal del pie de una seta.

CORRO DE BRUJAS:
Conjunto de setas que aparecen formando círculos.

ESPORA:
Elemento microscópico de diseminación de las setas que actúa como una semilla, sin serlo. Cuando germina emite una hifa.

ESPORADA:
Cúmulo de muchos millares de esporas desprendidas de la parte inferior de los sombreros de las setas típicas.

FLOTA:
Conjunto de setas que salen y crecen juntas, generalmente unidas por las bases de los pies.

GLEBA:
Masa interna del cuerpo de algunas setas donde están inmersas las esporas. Puede pasar que al final se convierta en un cúmulo pulverulento, como en los cuescos de lobo o en una masa pegajosa como en el falo hediondo o en los clatros.

HIFA:
Tubito extraordinariamente fino, más que un cabello, que emerge de una espora cuando germina, que crece sin parar y se ramifica en busca del alimento presente en el sitio donde vive.

HONGO:
Ser vivo integrado en el reino de los hongos, los más conocidos de los cuales son los que desarrollan setas, donde se originan, maduran y se dispersan las esporas.

LÁMINA:
Superficie plana que aparece debajo del sombrero de algunas setas, desde el borde hasta el pie, con sus dos caras fértiles, donde maduran esporas, que al final se desprenden.

MICELIO:
Conjunto de hifas que constituye la parte vegetativa de la mayoría de los hongos, que puede vivir muchos años y desarrollar cada temporada aparatos reproductores donde maduran las esporas: las setas. Tiene un aspecto de telaraña o de una masa de algodón hidrófilo.

MICROSCÓPICO:
Que solo es visible con la ayuda de un microscopio.

MICORRIZA:
Asociación entre las hifas de una seta y la raíz de una planta por contacto directo. La seta obtiene alimento de la raíz y el árbol sale beneficiado de esta unión ya que las hifas le acercan agua y nutrientes del suelo. Se trata de una simbiosis.

MOHO:
Hongo que crece sobre una superficie de la cual obtiene el alimento que precisa, por ejemplo la piel de un limón o una rebanada de pan, que produce esporas pero no setas.

PIE:
Parte de una seta que sostiene el sombrero y fija la seta al suelo o al sustrato donde crece.

PORO:
Agujero muy pequeño que permite la salida de las esporas de los tubos de los boletos y hongos yesqueros.

SOMBRERO:
Parte superior de una seta, de forma redondeada, aplanada o deprimida, en cuya parte inferior maduran las esporas que recubren láminas, pliegues o agujitas, o bien se disponen dentro de pequeños tubos.

TUBO:
Elemento situado debajo del sombrero de los boletos, en el interior de los cuales maduran las esporas que se desprenden y salen por un poro terminal. El conjunto de numerosos tubitos finos y apretados constituyen una especie de esponja.

VENENOSO:
Que contiene sustancias nocivas para el organismo

VOLVA:
Parte inferior del velo membranoso que recubre una seta joven, que cuando el pie crece resta enfundando la base, como ocurre con las amanitas.

Bibliografía

Bolets de Catalunya

Textos en catalán y en castellano con excelentes fotografías. Colecciones de 50 láminas cada una publicadas por la Societat Catalana de Micologia. Se llevan publicadas más de 20 y aparece una de nueva cada año. Las más interesantes para los principiantes son las 5 primeras.

Setas. Guía del buscador

Ramon Pascual
GeoEstel. Barcelona, 2006

Una pequeña guía de bolsillo con unas 40 setas descritas y fotografiadas y algunas recetas de cocina. Muy práctica para llevarla al campo.

100 setas fácilmente identificables

Jaume Sañé

Lectio. Colección Hedera. Valls, 2008

Para principiantes. Las descripciones están muy bien hechas y se acompañan de unos magníficos dibujos de Josep Ribot.

Hongos de España y de Europa

Xavier Llimona, Ewald Gerhardt, Jordi Vila

Omega. Barcelona, 2000

Para ampliar el conocimiento sobre las setas y ayudar a su identificación. Compendio de 980 especies descritas y fotografiadas. Claves de identificación. Recomendable.

Setas de la Península Ibérica e Islas Baleares

Fernando Esteve-Raventós, Jaume Llistosella, Antonio Ortega

Ediciones Jaguar. Madrid, 2007

Unas 800 especies descritas y fotografiadas por 3 micólogos que trabajan en zonas distintas de la Península Ibérica. Incluye un interesante capítulo que trata de intoxicaciones sobre el consumo de setas.

Guía de los hongos de la Península Ibérica, Europa y norte de África

Régis Courtecuisse, Bernard Duhem
Omega, Barcelona, 2005

Una visión de ordenación moderna de las 1.750 especies brevemente descritas y acompañadas de excelentes y minuciosos dibujos y claves de los principales géneros descritos. Incluye varios apartados complementarios sobre la conservación del medio ambiente con relación a la micología, cómo deben recolectarse y estudiarse las setas y las intoxicaciones producidas por la ingestión de especies venenosas.

Guía fácil de las mejores setas

M. García Rollán
Ediciones Mundi-Prensa. Madrid, 2004

Una guía muy interesante por su enfoque bien distinto de las guías de campo tradicionales y que puede ayudar sobre todo a los principiantes a entender el mundo de las setas.

Índice de nombres vulgares

Índice de nombres científicos